Das gibt's doch nicht!

Jürgen Zahrl · Markus Foschum

Das gibt's doch nicht!

Österreichs skurrilste Orte

METROVERLAG

Inhalt

Vorwort

„Michael Jackson erhält Denkmal in Mistelbach", oder auch:
„Blaue Seekuh neues Wahrzeichen von Bad Vöslau" – unter
den Berichten des „Kurier" fanden sich immer wieder welche,
die nicht nur News-Wert hatten, sondern auch durch die Skurrilität ihrer Themen herausstachen. Da gab es im Lauf der Zeit
auch Artikel über rosa Elefanten in der Wachau, ein Denkmal
für eine Gans in Wien oder auch die Aufregung um eine nack-
te Mozartstatue mit Frauenkörper in Salzburg. Im Sommer
2013 hatten wir in der Redaktion die Idee, diese witzigen und
schrägen Sehenswürdigkeiten zu einem größeren Bericht
zusammenzufassen, für Ausflüge und Besichtigungen in ganz
Österreich zu sammeln, um die Leser des „Kurier" darüber
ausführlich zu informieren. Der Artikel kam an, sonst würde
es heute nicht dieses Buch geben. Jedenfalls war es auch der
Wunsch des Metroverlags, unsere gesammelten Informationen
in einem eigenen Buch zu veröffentlichen.

Gesagt, getan! Doch so einfach gestaltete sich die Sache
dann doch nicht. Denn erstens galt es, die Hintergründe zu
den zu Beginn des Projekts schon bekannten Skurrilitäten in
Erfahrung zu bringen, und zweitens vor allem neue Kuriositäten in Österreich zu entdecken. Zwar gibt es davon genügend,
doch führen sie trotz ihrer Außergewöhnlichkeit oft ein etwas
verstecktes Dasein. Wenn Sie „kurios", „Sehenswürdigkeiten"
und „Österreich" in eine Internet-Suchmaschine eintippen,
werden Sie wissen, was wir meinen. Die Resultate sind dürftig.
Ganz weit oben in der Ergebnisliste taucht inzwischen unser

„Kurier"-Bericht auf. Umso mehr hat unser Buch jetzt eine Daseinsberechtigung. Im Zuge unserer Arbeit fühlten wir uns manchmal an einen Ausspruch von Wolfgang Amadeus Mozart erinnert, der einmal meinte: „Das ist kurios. Ich soll etwas G'scheites schreiben, und mir fällt nichts G'scheites ein." Auch wenn es in unserem Fall natürlich nicht um geniale Melodien, sondern um vergleichsweise einfache Buchkapitel ging.

Aber eben um solche mit kuriosen, schrägen Inhalten, denn es sollte kein „normaler" Reiseführer werden, sondern ein „verrückter". Einer, der schrille und außergewöhnliche Plätze zum Thema hat. Schließlich weckt nicht das Normale, sondern das Kuriose unsere besondere Aufmerksamkeit. Oft sind es die ungewöhnlichen Themen, die uns magisch anziehen. Egal ob schräge Meldungen auf Nachrichtenportalen, peinliche Film-clips auf Videoplattformen oder witzige Anekdoten in sozialen Online-Netzwerken. Doch nicht nur die virtuelle Welt, sondern auch die Realität hat Außergewöhnliches zu bieten. Wir waren mehrere Monate in unserer Heimat unterwegs, sammelten Informationen, sichteten Unterlagen und porträtierten Ungewöhnliches.

Österreich hat viele Sehenswürdigkeiten, die Jahr für Jahr von Millionen Touristen besucht werden: Schloss Schönbrunn, Wiener Stephansdom, Hochsalzburg oder das Goldene Dachl in Innsbruck. Die werden Sie hier allerdings vergeblich suchen. In unserem Buch geht es nicht um die typischen Denkmäler, die ohnehin von vielen Gästen aufgesucht werden, sondern um Plätze, Skulpturen und Museen mitten in unserer viel gerühmten Heimat, die bestimmt weit weniger bekannt sind, aber viel mehr zu den Besonderheiten und Kuriositäten unseres Landes gehören. Deswegen soll dieses Werk als analoger Reisebegleiter verstanden werden, mit dem Sie unser kleines, aber feines Bundesgebiet von einer ungewöhnlichen Seite kennenlernen können. Wir wünschen viel Spaß beim Lesen und eine unfallfreie Entdeckungsreise durch das skurrile Österreich.

Jürgen Zahl und Markus Foschum

Wem die Wiener Stunde schlägt

Wo Wien am intensivsten, zentralsten und repräsentativsten ist, rund um den Stephansdom, wimmelt es nur so von Sehenswürdigkeiten und Touristen. Hier ist die Österreich-Kapitale auch am historischsten, gilt der nahe Hohe Markt doch als der älteste Platz in Wien. Zur Zeit der alten Römer stand hier der Palast des Lagerkommandanten. Auch der berühmte Kaiser Marc Aurel hat an der Stelle eine Zeit lang residiert und ist 108 nach Christus hier auch gestorben. Es genügt ein kleiner Blick nach oben, um den alten Kaiser wiederzusehen. Wie auch eine ganze Truppe von bedeutenden Persönlichkeiten, die die Geschichte Wiens prägten und gestalteten.

Die Rede ist von einer Uhr, die eigentlich eine Firmenwerbung und zugleich eine Brücke ist. Doch alles der Reihe nach. 1911 wollte die Versicherungsgesellschaft „Der Anker" an ihrem Sitz in Wien ein neues und repräsentatives Verwaltungsgebäude errichten. Seit 1869 residierte die Gesellschaft im Galvagnihof am Hohen Markt, doch die gut gehenden Geschäfte hatten zu Raumnot geführt. Bei dem Neubau gab es jedoch ein Problem. Weil eine Seitengasse verlängert werden sollte, musste das neue Gebäude der Anker Versicherung durchbrochen werden. So kam es also, dass die zwei Häuser des neuen Firmensitzes durch eine Straße getrennt waren. Schließlich wuchs die Idee, die beiden Häuser durch eine Brücke zu verbinden. Für die Ausgestaltung wurde ein damals recht berühmter Künstler gewonnen – Professor Franz von Matsch, der es als Maler und Bildhauer zu Ruhm gebracht hatte und 1912 sogar in den Adelsstand erhoben wurde. Er entwarf eine „musikalische Figurenuhr" – die Ankeruhr.

Das Besondere ist, dass die 60 Minuten einer Stunde nicht über einen Kreis dargestellt werden, wie bei Uhren normalerweise üblich, sondern horizontal. Eine in zwölf Felder aufgeteilte Zeitskala von 0 bis 60 entspricht den Minuten. Darunter schreiten Figuren dahin. Zwölf sind es an der Zahl und jede braucht eine – ihre – Stunde, um die Strecke von 0 bis 60 abzugehen.

Bei diesen Stundenregenten handelt es sich um Persönlichkeiten aus der Wiener Geschichte, die für ihre Zeit stehen. Gleich als erstem Regenten begegnen wir besagtem Kaiser Marc Aurel, der für die Antike steht. Es folgen der fränkische Kaiser Karl der Große aus dem frühen Mittelalter sowie der Babenbergerherzog Leopold VI. mit seiner Gemahlin Theodora von Byzanz. Als Vierter stellt sich der Minnesänger Walther von der Vogelweide ein, gefolgt vom ersten Habsburger König Rudolf samt Gattin Anna von Hohenberg. Der Vater des Stephansdoms, Baumeister Hans Puchsbaum, ist der sechste Stundenregent, und auch der letzte Ritter, Kaiser Maximilian I., darf in dem Reigen nicht fehlen. Bürgermeister Johann Andreas von Liebenberg, der sich bei Bekämpfung der Pest 1679 und der Türken 1683 hervorgetan hatte, ist der achte Stundenregent, der neunte stammt ebenfalls aus dieser Zeit, denn Graf Ernst Rüdiger von Starhemberg war Oberkommandant bei der Türkenbelagerung. Der „edle Ritter" Prinz Eugen, der erfolgreich Feldzüge führte und das Belvedere erbauen ließ, ist der nächste, gefolgt von Kaiserin Maria Theresia und Kaisergemahl Franz I. von Lothringen. Der zwölften Stunde ist schließlich der Komponist Joseph Haydn zugeordnet.

Alle Figuren, jede ist zwischen 2,60 und 2,80 Meter groß und aus Kupfer, ziehen täglich zu Mittag vorbei. Jeder ist ein historisches Musikstück zugeordnet. Eine Zwangspause gab es im April und Mai 2013, als es ein Problem mit der Kette gab, die die Figuren bewegt. Inzwischen ist die Uhr, die mittlerweile der Helvetia-Versicherungs AG gehört, aber natürlich wieder in Betrieb. Die Helvetia residiert heute als Nachfolger des Ankers am Hohen Graben.

Ankeruhr
Hoher Markt 10–11
1010 Wien
www.helvetia.com

Der Hype um die vernagelten Hölzer

Nägel in Holzpflöcke zu schlagen ist heute nur noch ein beliebtes (oft unter Alkoholeinfluss ausgeübtes) Spielchen auf Skihütten und Kirtagen, in Österreich hat es jedoch eine lange Tradition. Der Hintergrund ist teils sagenhaft, teils kriegerisch, aber immer interessant und kurios. Die zeitweise Begeisterung dafür führte zu einer weiten Verbreitung, einem wahren Hype, wie man heute sagen würde. Die beiden berühmtesten Vertreter dieser „vernagelten Hölzer" finden sich in Wien und können heute noch besichtigt werden: der „Stock im Eisen" und der „Wehrmann in Eisen".

Mitten in der Wiener City, gleich neben dem Stephansdom, an der Ecke Kärntner Straße und Graben, steht in der Nische eines noblen Hauses ein Baumstamm. Oder besser gesagt, der rund zwei Meter lange Rest eines Baumes. Dass es sich um einen solchen handelt, ist auch erst auf den zweiten Blick zu erkennen, denn das Holz ist über und über mit Nägeln beschlagen, zusätzlich sind auch fünf Metallbänder und ein Schloss angebracht. Es handelt sich um den „Stock im Eisen", auch der Platz ist nach ihm benannt.

Um diesen Rest einer alten Fichte ranken sich viele Sagen. Der Teufel höchstpersönlich habe den Baum in Eisen gelegt. Oder aber ein Schlosserjunge habe hier einen gestohlenen Nagel eingeschlagen. Oder man wollte den Baum als Erinnerung an die einst hier verbreiteten Wälder erhalten. Tatsache ist, dass der Baum aus dem Mittelalter stammt und um 1440 gefällt wurde, wie Untersuchungen von 1975 ergaben. Nägel begann man schon einzuschlagen, als der Baum noch wuchs. Dass er auf dem Platz aufgestellt war, ist bereits von 1548 überliefert. Seit 1891 steht der Baum auf einer eineinhalb Meter hohen Granitsäule. „Stock im Eisen" heißt er übrigens wegen der Metallbänder, nicht wegen der Nägel. Warum die eingeschlagen wurden, weiß man übrigens nicht so genau, wahrscheinlich war es eine Art Votivgabe. Denn Nägel waren im Mittelalter teuer. Im 18. Jahrhundert schlugen Schlossergesellen, die auf der Walz (während der Wanderjahre) nach Wien kamen, einen Nagel in den Baumstamm. Vor neuerlichen Nagelattacken ist der mittelalterliche Stock heute geschützt, weil in einer Glasvitrine untergebracht.

Weniger bekannt, weil auch an weniger prominenter Stelle zu finden, ist der „Wehrmann in Eisen". Dabei löste er geradezu einen Nagel-Boom aus. Er steht heute hinter dem Wiener Rathauspark und kann sowohl als gedankliche Fortführung des „Stock im Eisen" als auch als Vorbild für viele weitere „Nagel-Statuen" gesehen werden. Auf den ersten Blick handelt es sich um eine dunkle

Statue eines Ritters. Auf den zweiten Blick offenbart sich, wo die dunkle Farbe herrührt: Der Ritter steckt in einer Rüstung aus Tausenden Nägeln. Mehr als eine halbe Million Stück sollen es sein. Darunter steckt zwar nicht unbedingt ein weicher, jedoch ein hölzerner Kern, handelt es sich doch um eine Holzstatue, die ursprünglich im März 1915 am Schwarzenbergplatz aufgestellt wurde. Gegen eine Spende durfte man einen Nagel einschlagen, der Erlös kam Witwen und Waisen zugute. Denn es herrschte Krieg, der Erste Weltkrieg. Die patriotische Aktion wurde von Erzherzog Ludwig Salvator am 6. März 1915 gestartet, laut der Tageszeitung „Die Reichspost" folgten in den ersten beiden Tagen 1.400 Personen seinem Beispiel. Je nach Spendenbereitschaft konnte man einen eisernen, silbernen oder sogar goldenen Nagel einschlagen. Die Aktion machte Schule: In der gesamten österreichisch-ungarischen Monarchie wurden für den guten Zweck Nägel in hölzerne Standbilder geschlagen.

Da gab es weitere Wehrmänner in Amstetten, in Niederösterreich oder in Graz, aber auch einen „Waidmann in Eisen" in einem Gasthaus in Wien-Alsergrund, etliche „U-Boote in Eisen", etwa eines der Favoritner Sektion des Österreichischen Flottenvereins, oder auch einen „Sanitätsmann in Eisen", ein „Posthorn in Eisen" sowie eine „Feldhaubitze in Eisen". In Berndorf in Niederösterreich wurde ein hölzerner Bär benagelt, in Ternitz eine Wehrgranate. Sehr beliebt waren auch Kreuze, Säulen und Heilige. Letztere vor allem in Deutschland, wo sich die Nagelfiguren auch bald verbreiteten. Sogar in Übersee gab es welche. Der „Eiserne Mann" in Buenos Aires wurde von einem Tiroler in Argentinien angefertigt, in San Francisco wurde von Auslandsösterreichern bis zum Kriegseintritt der USA ein eisernes Kreuz benagelt.

Mit schwindender Begeisterung für den Krieg wurden auch die eisernen Symbole unbeliebter. Der Urahn, der Wehrmann in Wien, feierte 1934 ein Comeback, als Geld für den Bau eines Kriegerdenkmals gesammelt wurde. Damals wurde auch der Spruch: „Wehrmann Wiens gemahne an die Zeit, da unerschöpflich wie des Krieges Leid die Liebe war und die Barmherzigkeit."

Wehrmann in Eisen
Ecke Rathausstraße/Felderstraße
1010 Wien
www.wien-tourist.info

Das nie errichtete Denkmal für 1683

Gewürdigt wird in Wien gern und oft, bedenkt man, wie viele Denkmäler es in der Stadt gibt. Alleine entlang der Prachtstraße, dem Ring, sind es rund 80 Skulpturen. Das reicht vom ältesten Denkmal, jenem von 1781 für Kaiser Franz Stephan I. im Burggarten, über das riesige 20-Meter-Denkmal für Kaiserin Maria Theresia zwischen dem Kunst- und dem Naturhistorischen Museum bis zum berühmten und vor allem bei fernöstlichen Besuchern als Fotomotiv so beliebten Denkmal für den Walzerkönig Johann Strauß Sohn im Stadtpark. Ein Denkmal sticht in Sachen Kuriosität aber besonders hervor: Jenes, das an den Entsatz, die Rettung der Stadt im Zuge der Türkenbelagerung 1683, erinnern soll. Denn dieses Denkmal wurde nie gebaut.

Am 12. September 1983 wurde im Grete-Rehor-Park nahe des Parlaments der Grundstein für ein Entsatz-Denkmal gelegt. Hintergrund war das 300-jährige Jubiläum der Rettung. Die Initiative für ein Denkmal ging von einem eigens gegründeten Verein, den „Freunden Sobieskis" aus. Stand der polnische König Jan III. Sobieski doch bekanntlich an der Spitze des Entsatzheeres, das dem belagerten Wien zu Hilfe eilte und am 12. September 1683 die Türken in der Schlacht am Kahlenberg schlagen und damit die Eingeschlossenen befreien konnte. Dieses Ereignis wollten die „Freunde" würdigen: „Schnell noch ein Denkmal für alle, die damals an der Verteidigung und dem Entsatz Wiens teilgenommen haben, errichten." Das Problem war, dass bis zum geplanten Enthüllungstag am 12. September nur mehr wenig Zeit blieb, und kein Geld vorhanden war. Finanziert werden sollte das Denkmal über Spenden „aller traditionsbewussten Österreicher und Europäer", wie der geistige Vater der Aktion, Professor Otto Swoboda, im Mai 1983 in der „Presse" schrieb.

Auch der Entwurf des Denkmals stammte von Professor Swoboda. Es sollte ein steinernes Quadrat mit zwei Metern Seitenlänge werden, die Kosten wurden auf 250.000 Schilling geschätzt. Verschiedenste Aufstellungsorte wurden in Erwägung gezogen, und schließlich stellte die Stadt ein Grundstück im 7. Bezirk zur Verfügung. Doch es kam ganz anders. Am 12. September 1983 gab es zwar eine Feier, doch aufgestellt werden konnte kein Denkmal, lediglich der Grundstein wurde gelegt. Darauf ist zu lesen: „Grundstein für das Entsatz-Denkmal 1683–1983. Provisorisch gesetzt von den Freunden Sobieskis. Wien, am 12. Sept. 1983". Und dabei sollte es bleiben. Ende Oktober 1983 war zwar noch in der „Wiener Zeitung" zu lesen, dass das Denkmal „in absehbarer Zeit ausgeführt und aufgestellt werden soll", doch schließlich wurde das Projekt aufgegeben. Auch, weil die Kosten für eine Realisierung weitaus mehr als die ursprünglich veranschlagten 250.000 Schilling betragen hätten. Und so blieb es beim Grundstein.

Es war übrigens nicht der erste Versuch, den historischen Anlass zu würdigen. Schon 100 Jahre zuvor, anlässlich der Säkularfeiern

1883 in Wien, wollte der Schriftsteller Richard von Kralik ein riesiges Nationaldenkmal auf dem Kahlenberg realisieren. Eine „Wartburg österreichischer Geschichte, eine Walhalla heimischen Ruhmes" sollte es werden. Doch die Begeisterung war nicht entsprechend und so geriet das Projekt etliche Jahre in Vergessenheit, bis Kralik 1903 einen neuen Versuch startete. Das führte dazu, dass die Architekten Franz Biberhofer und Karl Troll zumindest einen Entwurf der „Österreichischen Ruhmeshalle" am Leopoldsberg präsentierten. Geworden ist das auch wieder nichts. Während des Ersten Weltkrieges dachte man erneut über die Idee nach, und es gab sogar einen Denkmalwettbewerb. Umgesetzt wurde davon nichts.

Doch es gibt durchaus auch realisierte Denkmäler im Zusammenhang mit 1683: Im Türkenschanzpark (der so heißt, weil hier türkische Truppen dem Entsatzheer besonders heftigen Widerstand leisteten) gibt es seit 2003 das Denkmal eines Kosaken, der rauchend neben seinem Pferd sitzt. Und im April 2013 wurde am Leopoldsberg das Denkmal dreier Kosaken durch den Bürgermeister der Stadt Kiew, Oleksandr Popov, und Wiens Bürgermeister Michael Häupl enthüllt. Die Kosaken waren 1683 Teil des Entsatzheeres. Interessante Informationen zur Wien-Belagerung 1683, zu den verschiedenen Denkmälern und zum „Türkengedächtnis" bietet ein Forschungsprojekt der Österreichischen Akademie der Wissenschaften: www.tuerkengedaechtnis.oeaw.ac.at

Grundstein Entsatz-Denkmal
Grete-Rehor-Park
Schmerlingplatz
1010 Wien

Die kugelrunde Minination

Spaziert man durch den Wiener Prater auf der Hauptallee entlang, so fällt dem aufmerksamen Betrachter auf Höhe des Riesenrades ein seltsames Gebilde auf. Etwas versteckt steht dort ein ungewöhnliches „Haus" in Form einer großen Kugel.

Das Ganze wirkt ein bisschen abweisend, denn das rund acht Meter große Gebilde ist mit einem Zaun und dickem Stacheldraht umgeben. Das rot-braune Äußere der Kugel ist lediglich durch ein paar kleine Fenster durchbrochen. Ein wahrhaft kurioser Auftritt. Doch es kommt noch skurriler, wenn man sich mit dem Hintergrund, der Geschichte und der Bedeutung des kugelrunden Gebäudes befasst.

Tritt der unwissende neugierige Besucher näher, so wird schnell klar, dass es sich um kein besonders ausgefallenes Ausstellungsstück einer Hausmesse und auch um keine neue Attraktion des nahen Praters handelt. Eine Tafel gibt Auskunft darüber, dass man sich am Antifaschismus-Platz befindet, darüber hinaus sticht eine rot-weiße Tür ins Auge, ein Schild informiert darüber, dass es sich hierbei um den Grenzübergang zur Republik Kugelmugel handelt. Das Ganze ist eine der kuriosesten Sehenswürdigkeiten in Wien, und auch die Geschichte dahinter ist an Skurrilität kaum zu überbieten. Denn Kugelmugel ist ein winziger Staat im Staat – eine Mikronation sozusagen. Die Republik verfügt nicht nur über ein – zugegebenermaßen sehr kleines, weil im Kugeldurchmesser lediglich rund acht Meter großes – Gebiet, sie hat auch Staatsbürger, eine eigene Briefmarke und natürlich auch einen Präsidenten. Und zwar den Künstler Edwin Lipburger-Kugelmugel. Auch zu ihm gibt es eine Tafel mit Informationen: Demnach ist der Antifaschismus-Platz „dem großen demokratischen Revolutionsführer Edwin Lipburger, der hier begonnen hat, die ganze alte Moral abzuschaffen und alle Korruptionsformen unter jeder Maske zu bekämpfen und auszumerzen, gewidmet". Lipburger ist nicht nur der Präsident und Generalvolksanwalt von Kugelmugel, er ist auch ihr Schöpfer.

Seinen Anfang nahm die Kugel im niederösterreichischen Katzelsdorf im Bezirk Wiener Neustadt. Dort baute der aus Vorarlberg stammende Künstler 1971 seine Kugel auf einem 4.000 Quadratmeter großen Areal. Zu seinen Beweggründen meint der Künstler auf der offiziellen Kugelmugel-Homepage: „Alles ist rund, die Erde, das Leben, die Kugel, alles dreht sich … Warum baut man nicht runde Häuser, warum wohnen wir nicht in Kugeln?", und weiter: „Das Runde ist frei, es hat weder Anfang noch Ende. Aus der Kugel ein Haus machen, nicht, um die Landschaft zu verderben, sondern um sie zu retten, sie so zu lassen, wie sie ist, und sich nicht mit ihr anzubiedern."

Doch die Behörde konnte mit derart philosophischen Ansätzen wenig anfangen. Sie sah vor allem eines: Ein Bauwerk. Und dafür muss es in Österreich doch eine Genehmigung geben. Lipburger hingegen sah seine „vorübergehend stabilisierte Kugel" immer als kritische Kunst-Aktion. Da musste es zum Zusammenstoß kommen. Weil die Behörde dem Bau ihren Sanctus nicht geben wollte, gründete der Künstler seine eigene Gemeinde und stellte sich die Bescheide eben selbst aus. 1976 rief Lipburger sogar die Republik Kugelmugel aus – die aber offiziell nicht anerkannt wurde.

Doch es ging weiter. Die „staatlichen" Aktionen mit eigenen Briefmarken, Drucksorten und Ortstafeln (die von der Polizei schnell beschlagnahmt wurden) fand der „echte" Staat gar nicht lustig. 1979 wurde Lipburger sogar vom Bezirksgericht wegen Amtsanmaßung zu zehn Wochen Gefängnisstrafe verurteilt. Es schien in Niederösterreich kein harmonisches Bleiben mehr möglich zu sein und so kam ein Asyl in Wien gerade recht. Doch mit der Übersiedelung in den Prater war der Kampf nicht beendet, ganz im Gegenteil. Weil es keinen Wasser- oder Stromanschluss für die kugelrunde „Republik" gab, prozessierte Lipburger lange gegen die Stadt Wien. 1998 gab es sogar Pläne, nach Vorarlberg auszuwandern, was schließlich doch nicht erfolgte. Und auch eine Kandidatur für die Bundespräsidentenwahl versuchte der Beamtenschreck. „Die Behörden haben viele Energien in mir losgetreten", meinte Lipburger in einem „Kurier"-Interview am 10. Oktober 2004.

Republik Kugelmugel
Antifaschismusplatz 2
1020 Wien
www.republik-kugelmugel.com

Graffiti-Kunst
einst und jetzt

„Puber" ist keine neue Modemarke, auch kein neuer Gruß, sondern ein Wort, das auf vielen Häuserfronten und Betonwänden zu finden ist. Es ist ein Pseudonym. Was es tatsächlich bedeutet, weiß nur einer. Ein Schweizer. Ihn kennt man als Graffitisprayer, der laut Experten der Szene zu den aggressivsten zählte. Er ließ keineswegs die Fäuste sprechen, sondern sprayte immer öfter und großflächiger auf Fassaden, weil er sich durch die steigende Popularität künstlerisch angetrieben fühlte. Lukas G. (Name geändert) war in den vergangenen Jahren nicht nur in seiner Heimat aktiv, sondern zog durch mehrere Länder Europas, um seine Puber-Schriftzüge (sogenannte „Tags") zum Beispiel in London, Amsterdam und Paris in verschiedenen Farben und Formen zu hinterlassen. Zuletzt war der 29-Jährige Anfang 2014 in Wien unterwegs und trieb sein Unwesen. Er tauchte auf, als er sich unbeobachtet fühlte, hinterließ seine fünf Buchstaben – meist mit Verzierungen – auf Hauswänden, Fensterscheiben, Gartenbänken und tauchte unbemerkt wieder ab. Seit Jahren war die Polizei hinter ihm her, weil das, was er aufgemalt hatte, nicht als Kunst, sondern als böswillige Sachbeschädigung eingestuft wurde. Das berühmt-berüchtigte Phantom, wie er sich selber am liebsten sah, war international gesucht, bis Anfang März 2014 vor einer Wohnung in Rudolfsheim-Fünfhaus (15. Wiener Gemeindebezirk) nach einem anonymen Hinweis die Handschellen klickten. Nach seiner Festnahme fanden die Kriminalisten ein elektronisches Tagebuch und Hunderte Fotos auf seinem Laptop. Für viele Schriftzüge wollte Puber nicht verantwortlich sein. „Das waren Trittbrettfahrer", will G. gesagt haben. Im Sommer 2014 saß er noch in U-Haft.

Wer in ausgewählten, österreichischen Geschichtsbüchern blättert, wird verwundert sein, dass das, was Puber in den vergangenen Wochen und Monaten fabrizierte, in Österreich schon einmal da war. Es lassen sich Ähnlichkeiten mit einem Wiener finden, der im 19. Jahrhundert genauso öffentlich auffällig war. Allerdings mit weit weniger medialer Aufmerksamkeit. Schon damals gab es einen umtriebigen Tagger, der zweifellos Pubers Vorbild sein könnte. Abgesehen davon, dass der Begriff erst heute eine geläufige Modebezeichnung ist. Vor ungefähr 200 Jahren lebte ein Junggeselle in Wien, der sich von einer ähnlichen Sucht getrieben fühlte. Der größte Unterschied: Nicht die Spraydose, sondern Pinsel und schwarze Ölfarbe waren damals die kreativen Malutensilien für seine fast krankhafte Ausdrucksform.

Josef Kyselak war kein bekannter Musiker, kein Künstler, auch kein außergewöhnlicher Literat, sondern ein ganz normaler Bürger im Kaiserreich Österreich, der den Drang verspürte, an möglichst vielen Orten seinen Namen zu lesen. Obwohl Graffiti-Tagging im damaligen Sprachgebrauch noch nicht existierte, gilt Kyselak als Wegbereiter einer modernen Stilkunst, die weite Kreise gezogen hat. Heutzutage fühlen sich viele Künstler der Szene zugehörig, die via Internet weltweit vernetzt ist. Was sie sprayen, wird fotografiert, dokumentiert und öffentlich diskutiert.

Kyselak war Einzelkämpfer und hatte keine nennenswerten Talente. Trotzdem besaß er die Gabe, zu Lebzeiten raffiniert genug zu sein, um seinen Familiennamen weithin bekannt zu machen, ohne von den öffentlichen Ordnungshütern verfolgt zu werden. Über sein Leben ist nicht viel bekannt, nur ein paar wenige Eckdaten. Josef Kyselak wurde am 22. Dezember 1799 in Wien geboren und wuchs in einer k. u. k. Hofkammer-Beamtenfamilie auf. Nach seinem Besuch des Piaristen-Gymnasiums in der Wiener Josefstadt studierte er wenige Semester Philosophie an der Wiener Universität. Doch anstatt sein Studium abzuschließen, wandte er sich an seinen Vater, der ihm half, eine Beamtenlaufbahn einzuschlagen. Im Jahr 1818 begann er als Praktikant in jener Behörde, in der auch sein Vater beschäftigt war – und zwar in der k. u. k. Privat-, Familien- und Vitikalfondskassen-Oberdirektion. Sein nächster Karrieresprung ließ sieben lange Jahre auf sich warten. Dann stieg der junge Kyselak zum Registratur-Accessisten auf. Was besonders klang, war nichts anderes als eine Stelle als interimistisch angestellter Beamter in der Akten- oder Schriftgutverwaltung. Eine aufregende und bedeutende Karriere sieht anders aus. Das dachte sich vermutlich auch Kyselak, als er sich entschloss, Abwechslung zu suchen. Seinen ersten Urlaub im Jahr 1825 nutzte der Junggeselle, um durch Österreich zu reisen und gleichzeitig seine Erlebnisse in Form eines Tagebuches handschriftlich und fein säuberlich niederzuschreiben.

Am 12. August packte er seinen Rucksack und brach zu einer abenteuerlichen Fußreise auf. Seine Tour führte von Wien über den Semmering in die Steiermark. Von dort über Klagenfurt nach Spittal und infolge über Saalfelden nach Tirol. Er überwand Bäche und Flüsse, überquerte Berge und besuchte weitere Orte. „Kyselak verzeichnete mehr als 120 Stationen und Begebenheiten. Zu den Highlights zählt zweifellos die Überquerung des Steinernen Meeres, wo er vermutlich als erster Tourist den Großen Hundstod besteigt. Kyselak suchte nach den schönsten Plätzen und bewegte sich meist fern von den bekannten Routen", schreibt Gabriele Goffriller im Buch „Joseph Kyselak. Skizzen einer Fußreise durch Österreich", das bei „Jung und Jung" neu herausgegeben wurde. Schon 1829 ist es als Reisebuch erschienen.

Kyselak und sein Druckwerk wären vermutlich schon in Vergessenheit geraten, gebe es nicht unzählige schwarze Schriftzüge, die auch knapp 200 Jahre nach seinem Tod vielerorts zu entdecken sind. Egal wo er im Kaiserreich Österreich aufgetaucht war, hinterließ Kyselak seinen Namen, den er mit schwarzer Ölfarbe und Pinsel in Blockbuchstaben auf Hausfassaden und Felswände gemalt hatte. Die Hintergründe seines seltsamen Tuns sind bis heute kaum geklärt. Man geht davon aus, dass eine Wette mit Freunden in Wien-Spittelberg verantwortlich für sein wahnwitziges Pinselprojekt war. Kyselak soll um 100 Gulden gewettet haben, innerhalb von nur drei Jahren in der Stadt und am Land berühmt zu sein. Ob diese These stimmt, kann nicht eindeutig verifiziert werden, weil Beweise fehlen. Klar ist, dass „KYSELAK" in Österreich weit verbreitet ist. Diesen Schriftzug findet man heute nicht nur auf einem Obelisken im Wiener Schwarzenbergpark und am Wehrturm von Purkersdorf in Niederösterreich, sondern zum Beispiel auch auf einer Felswand in der Wachau zwischen Krems-Förthof und Rothenhof.

Ob alle Schriftzüge tatsächlich von ihm stammen, können Forscher nicht mit hundertprozentiger Sicherheit sagen. Fest steht allerdings, dass entstellte Wortkombinationen wie „Kisselak" oder „Kieselak" eindeutig Fälschungen sind.

Kyselak kam herum. Er besuchte nicht nur viele Regionen Österreichs, sondern auch umliegende Länder Europas, die er in späteren Niederschriften erwähnte. Seine vorwiegend zu Fuß bewältigten Reisen nutzte er weniger, um seine Wanderlust zu stillen, als vielmehr, um rasch voranzukommen. So konnte er an möglichst vielen Plätzen seinen Namen hinterlassen.

Warum sein Graffiti-Tagging, wie es heute genannt wird, zur Sucht auswuchs, versuchte ein deutscher Journalist zu klären: „Weil ihm die Sache Vergnügen bereitete. Sie verlieh seinem bedeutungslosen Leben einen besonderen Reiz. Er bemerkte die Wirkung von Graffiti und genoss die Berühmtheit", analysierte Gerhard Staguhn am 3. April 2007 in der deutschen Wochenzeitung „Die Zeit". Mit nur 31 Jahren starb Kyselak an Cholera. Trotzdem reichten seine wenigen Lebensjahre, um als Pionier des heutigen Graffiti-Taggings in die österreichische Geschichte einzugehen. Puber hat es als hartnäckiger Serien-Sprayer bisher nur in die Medien geschafft.

Josef Kyselak
Der erste Graffiti-Tagger
(1799–1831)
www.kyselak.at

Fernost am Donaustrand

Mit einzigartigen Bauwerken zieht Wien seine Besucher in den Bann, seien es nun barocke „Klassiker" wie die Karlskirche und das Belvedere oder die herrlichen Ringstraßenbauten im Stil des Historismus. Doch dazwischen überraschen Gebäude, die scheinbar so gar nicht hierher passen: Bei einem Spaziergang entlang der schönen blauen Donau im 2. Bezirk kann es demnach schon passieren, dass man sich weit weg versetzt fühlt. Sogar sehr weit weg – bis nach Japan. Denn hier erhebt sich ein fernöstlicher Tempel, eine Pagode, ganze 26 Meter in den Himmel. Außergewöhnlich ist nicht nur das fremdländische Aussehen, sondern auch die Entstehungsgeschichte des Bauwerks aus dem Reich der aufgehenden Sonne.

Am besten, man kombiniert einen Besuch der Pagode mit einem kleinen Spaziergang. Mit der U-Bahn geht es bis zur U2-Station Donaumarina, dann marschiert man gemütlich flussabwärts und schon nach kurzer Zeit taucht sie wie ein Trugbild auf – eine echte buddhistische Pagode mit einer weißen Kuppel und mit goldener Spitze, die in der Sonne glitzert. Im ersten Moment erscheint sie hier am mitteleuropäischen Donaustrand derart deplatziert, als hätte sie eine seltsame Macht aus Nepal oder Thailand hierher gebeamt. Doch der buddhistische Stupa, wie man die dem Frieden auf der Welt gewidmete Pagode auch nennt, steht hier bereits seit mehr als 30 Jahren, seit 1983. Und er hat viele „Geschwister" auf der ganzen Welt.

Errichtet wurde der Stupa von 1982 bis 1983, hinter dem Projekt stehen die japanischen Mönche des Nipponzan-Myohoji-Ordens. Feierlich eröffnet wurde dann am 25. September 1983 unter Anwesenheit des Gründers des Ordens Nichidatsu Fujii – der ein ganz bekannter ist. Ein Treffen mit Mahatma Gandhi 1931 soll den japanischen Mönch inspiriert haben, sein Leben einer gewaltfreien Zukunft der Menschen zu widmen. 1947 begann er dann mit dem Bau von Friedenspagoden. Die ersten derartigen Pagoden wurden in Hiroshima und Nagasaki errichtet, wo 1945 beim Abwurf der beiden Atombomben mehr als 200.000 Menschen starben. „Zivilisation soll keine Menschen töten, keine Dinge zerstören und keinen Krieg führen. Zivilisation soll zu gegenseitiger Sympathie und zu Respekt führen", begründete Nichidatsu Fujii seine Initiative. Bis zum Jahr 2000 wurden auf der ganzen Welt 80 Friedenspagoden errichtet.

So viel zur Geschichte, jetzt aber die paar Stufen hinauf zur Wiener Friedenspagode, denn das Denkmal ist öffentlich zugänglich. Oben thront eine „goldene" Buddhastatue, und in sieben Reliefs wird die Lebensgeschichte des Religionsgründers Siddhartha Gautama dargestellt. Räucherstäbchen im Sand vor der Pagode künden davon, dass es sich um ein lebendiges religiöses Zentrum handelt. Hier finden auch Veranstaltungen wie das Vesakh-Fest (höchster buddhistischer Feiertag) der buddhistischen Gemeinde Wiens oder auch die Gedenkfeier anlässlich des Jahrestages des Atombombenabwurfs auf Nagasaki statt. Der buddhistische Orden in Wien kommentiert das Bauwerk so: „Die Errichtung von Pagoden schafft Frieden, und es entsteht jenes reine Land um sie herum, in welchem die Menschen in Frieden und Freude miteinander leben können. Die Philosophie und das Ziel hinter der Errichtung solcher

Friedenspagoden ist es, unter Menschen Liebe und Frieden zu verbreiten und damit die Botschaft von Mitgefühl und friedlicher Koexistenz zu verkünden."

Ob man mit dem religiösen und philosophischen Hintergrund nun viel, weniger oder gar nichts anfangen kann – die Friedenspagode ist schon wegen ihres Andersseins einen Besuch wert. Und die friedliche Stimmung am Donauufer passt auch dazu.

Friedenspagode Wien
Hafenzufahrtsstraße
1020 Wien
www.peacepagoda.net

Lady Diana in Wien

Diana Spencer ist vielen als bezaubernde Schönheit in Erinnerung, die sowohl privat als auch öffentlich ein Wellental der Gefühle durchlebte. Zuerst die perfekt inszenierte Traumhochzeit mit Prinz Charles, die 1981 weltweit Millionen Zuseher vor die Fernsehgeräte lockte. Nur kurze Zeit später musste sie jedoch erfahren, dass sich ihr Ehemann wieder seiner früheren Geliebten, Camilla Parker Bowles, zuwandte. Prinz Charles missfiel, dass seine Ehefrau von der Presse zum Weltstar gekrönt wurde. Sie stieg von der Bürgerlichen, die den britischen Thronfolger geheiratet hatte, zum öffentlichen Objekt der Begierde auf. Lady Di war beliebt, weil sie nicht überheblich, sondern nahbar war. Und genau deswegen gab es auch viele mediale Schattenseiten: Fast Tag und Nacht belagerten Paparazzi ihr persönliches Umfeld, verfolgten sie auf Schritt und Tritt, um jederzeit die Chance auf den goldenen Schnappschuss zu haben, der viel Geld brachte. Die Fotografen witterten das Geschäft ihres Lebens, was Lady Di schließlich Ende August 1997 mit ihrem Leben bezahlte. Sie wurde verfolgt bis in den Tod, starb, als ihre Limousine, gelenkt von einem betrunkenen Fahrer, an einem Tunnelpfeiler mitten in der französischen Metropole Paris zerschellte. Auch für ihren Freund Dodi Al-Fayed, der neben ihr im Wagen saß, gab es keine Rettung mehr. Nicht nur dieses eine Mal stahl Lady Di, die bis zum Ende ihres Lebens unermüdlich gegen gefährliche Landminen kämpfte, der britischen Königsfamilie die royale Show, sondern viel öfter.

Doch warum ausgerechnet in Wien? Warum bekommt eine britische Prinzessin ausgerechnet in der österreichischen Bundeshauptstadt ein eigenes Denkmal? Hat es vielleicht damit zu tun, dass Wien regelmäßig Austragungsort für den Weltkongress der Herzchirurgen ist und Diana die „Königin der Herzen" war? Wohl kaum. „Radio Wien"-Reporter Ewald Wurzinger hat eine einfachere Erklärung. Immerhin ist er der Initiator. „Mir war es ein Herzensanliegen, dieser großen und unvergesslichen Persönlichkeit ein Denkmal für die Ewigkeit zu schaffen. Trotz Macht, Geld und Ruhm hat Diana nie an Menschlichkeit und Bodenständigkeit verloren", erzählt Wurzinger, der die britische Prinzessin seit seiner Kindheit verehrt. Deshalb ließ er im Herbst 2013 eine weiße Diana-Büste aus exklusivem Südtiroler Marmor im Garten vor dem Wiener Schloss Cobenzl enthüllen. Für sein Projekt konnte der 27-Jährige, gebürtiger Steirer, den bekannten Wiener Bildhauer Wolfgang Karnutsch gewinnen. Für ihn war es eine große Herausforderung, Prinzessin Diana so zu zeigen, wie sie war. „Grundsätzlich sind Menschen mit charakteristischen Gesichtszügen leichter in Stein umzusetzen als jene mit einem formvollendeten Antlitz. Lady Dianas Züge sind sehr ästhetisch, ja sogar makellos", erklärte der Künstler. Seine Aufgabe lautete, neben der Abbildung ihres Gesichts, auch ihre Ausstrahlung und das besondere Charisma miteinzufangen. „Das ist Karnutsch sehr gut gelungen. Sogar Dianas beste Freundin Rosa Monckton meinte, als sie die Büste zum ersten Mal sah, dass Diana darauf am treffendsten abgebildet ist. Kein Werk weltweit zeige sie so authentisch wie das in Wien", erzählt Wurzinger. Kleines Detail am Rande: Das Denkmal wurde so aufgestellt, dass die Büste England den Rücken kehrt. „Und mit Blick Richtung Pakistan. Diana war zwei Jahre lang in einen pakistanischen Herzchirurgen verliebt", weiß Wurzinger.

Zwischen Prinzessin Diana und Österreich gab es jedenfalls kaum eine Liebesbeziehung. Während ihres kurzen Lebens war Lady Di mit ihrer Familie nur wenige Male in Lech (Vorarlberg) Ski fahren und nur ein einziges Mal in Wien. Dagmar Koller, Schauspielerin und Witwe des früheren Wiener Bürgermeisters Helmut Zilk, bekam die einmalige Gelegenheit, Prinzessin Diana im Jahr 1986 durch die Bundeshauptstadt zu führen. „Sie war atemberaubend, etwas ganz Besonderes. Lady Di war eine unwahrscheinliche Persönlichkeit, auch sehr gebildet", erzählte Koller während der Enthüllung des Denkmals.

Wurzinger darf sich freuen, nach langer Suche einen Platz für sein Di-Denkmal gefunden zu haben. Ursprünglich war der Wiener Augarten als Standort vorgesehen. „Weil Lady Di in Österreich keine amtliche Person war, gab es von der Stadt Wien keine Erlaubnis. Stattdessen ist es geglückt, das Schlossareal am Cobenzl zur Heimat zu machen. Dieser Ort ist ein beliebtes Ausflugsziel, ein Juwel am Rande Wiens mit einem bezaubernden Ausblick über die Stadt", weiß Wurzinger. „Andere fahren auf ein GTI-Treffen. Auch wenn ich dafür belächelt werde, mein Wunsch war es, Lady Di ein Denkmal zu setzen. Sie ist und bleibt eine Ikone. Im Leben gejagt, im Tod fast wie eine Heilige verehrt. Prinzessin Diana spielte mit den Medien – und die Medien mit ihr. Für viele ist Lady Diana Spencer aber noch heute ein Inbegriff für die Menschlichkeit schlechthin." Die Marmor-Büste soll nun eine Pilgerstätte für alle Diana-Fans sein.

Die feierliche Enthüllung des Denkmals ist aber nicht das einzige Großereignis, das der Cobenzl, der nach dem ehemaligen Besitzer des Schlosses Graf Philipp von Cobenzl benannt ist, in seiner Vergangenheit erlebt hat. Was nur die wenigsten wissen: Hier fanden auch große Sportveranstaltungen statt. Im Jahr 1931 wurde eine Skisprungschanze errichtet, worüber auch ein ausführlicher Eintrag in der Online-Enzyklopädie Wikipedia informiert. Der Wiener Arbeiter Turn- und Sport-verein (WAT) veranstaltete im selben Jahr das erste internationale Skispringen, zu dem ungefähr 20.000 Zuseher strömten. Die Weiten waren im Gegensatz zu heutigen Wettbewerben allerdings noch relativ gering. Die Besucher sahen Sprünge mit einer maximalen Weite von 38 Metern. Im Jahr 1940 wurde die Anlage vergrößert. Nach dem Zweiten Weltkrieg hätte statt der zerstörten Schanze eine 60-Meter-Anlage errichtet werden sollen, die der Wiener Architekt Adolf Hoch  in Form eines Amphitheaters geplant hatte. Doch realisiert wurden seine Pläne nie. Dafür gewann Hoch bei den Olympischen Sommerspielen 1948 in London die Goldmedaille. Damals war „Kunst/Architektur" noch ein olympischer Bewerb.

Lady-Diana-Denkmal
Schloss Cobenzl
Am Cobenzl 94
1190 Wien
www.lady-diana.at

„Die scheene Leich"
Wien und der Tod

Die Wiener hatten wohl schon immer einen ganz eigenen Umgang mit dem Tod. Die „scheene Leich", die opulente Gestaltung des Begräbnisses ist geradezu sprichwörtlich. Zudem ist der Wiener Zentralfriedhof auch noch Europas größte Nekropole. Seit seiner Eröffnung 1874 fanden hier drei Millionen Menschen ihre letzte Ruhe. Und auch eines der Wiener „Nationallieder", jenes vom legendären lieben Augustin, handelt vom Tod.

Die historische Figur dahinter soll der 1643 geborene Volkssänger und Dudelsackspieler Marx Augustin sein. 1679 wütete die Pest in Wien und Augustin, der in der Nacht betrunken auf der Straße seinen Rausch ausschlafen wollte, wurde von vorbeikommenden Pestknechten für tot gehalten und in ein Massengrab geworfen. Am Morgen erwachte er mit einem ziemlichen Kater und noch dazu inmitten der Leichen, machte in seiner Not mit Dudelsackspiel auf sich aufmerksam, wurde schließlich entdeckt und aus der Grube gezogen. Krank wurde er trotz der Nacht in der Pestgrube nicht. Was die Einstellung der Wiener zu Tod und Unheil zeigt: Alles wird mit Humor genommen, auch die schlimmste Situation.

Ein äußerst skurriles Beispiel ist auch das Schicksal von Angelo Soliman. Der Schwarzafrikaner kommt als Sklave nach Europa und dient den Fürsten Lobkowitz und Liechtenstein als Kammerdiener und Erzieher. Dabei kann er sich gut in Szene setzen und mit seiner Persönlichkeit und seiner Intelligenz auf sich aufmerksam machen. 1783 wird er sogar

Mitglied der Freimaurer und zählt zur intellektuellen Elite. Doch nach seinem Tod ist es mit der Wertschätzung vorbei. Zwar werden die Eingeweide begraben, die präparierte Haut dient jedoch zur Ausstellung eines „Wilden" mit Federn und Muschelkette im Kaiserlichen Naturalienkabinett. Dort bleibt er trotz Protesten seiner Tochter als kurioses Ausstellungsstück. Im Zuge der Wirren der Revolution von 1848 verbrennt die Mumie schließlich.

Drei einzigartige und besonders kuriose Beispiele und Sehenswürdigkeiten für den Umgang mit dem Tod in Wien wollen wir uns im Folgenden etwas näher anschauen.

Ewiges Gedenken – dazu wird ein Friedhof angelegt und aufgesucht, wenn man vom eigentlichen Begräbnis einmal absieht. Schließlich wollen die Angehörigen auch einen Ort haben, wo man sich an die Verstorbenen erinnern und ihnen eben gedenken kann. Bei einem ganz speziellen Wiener Friedhof ist das aber anders und gestaltet sich schwierig, denn die Identität der Begrabenen ist in den meisten Fällen unbekannt. Es handelt sich um den Friedhof der Namenlosen.

Vor einigen Jahren noch war die einzigartige Begräbnisstätte an der Donau ein echter „Geheimtipp" und nur wenigen bekannt, doch damit war es spätestens 1995 durch den Kinofilm „Before Sunrise" vorbei. Eine Filmsequenz des Besuchs der Schauspieler Ethan Hawke und Julie Delpy des Friedhofs machte eine große Öffentlichkeit auf diese kuriose Wiener „Attraktion" aufmerksam. Entsprechend wird der Friedhof seitdem auch häufiger von Touristen besucht. Trotzdem handelt es sich noch immer um einen Ort der Stille mit einer ganz eigentümlichen Atmosphäre, vor allem im Herbst, wenn vom Fluss Nebelschwaden heraufziehen.

Der kleine Friedhof findet sich im Osten Wiens, wo das

Au- und Wiesengebiet an den Alberner Hafen grenzt. „Sauhaufen" wird dieses Gebiet genannt. Die letzte Ruhestätte der Namenlosen liegt unmittelbar neben dem großen Industriehafen, der bei einem Besuch für die ebenso skurrile Geräuschkulisse sorgt. Zu finden ist der Friedhof, wenn man einem Hinweisschild beim Ladeplatz des Hafens bis zum Augebiet folgt.

Der Friedhof ist hauptsächlich die letzte Ruhestätte für in der Donau Ertrunkene. Hier sind insgesamt 478 Opfer des großen Stroms begraben. Warum der Friedhof ausgerechnet an dieser Stelle angelegt wurde, liegt an einem Wasserwirbel in der Donau. Die Körper von Ertrunkenen wurden durch den Strudel neben Treibgut hier ans Ufer gespült. In vielen Fällen waren die Leichen schon länger im Wasser und entsprechend arg verunstaltet. Um wen es sich dabei handelte, war deshalb oft nicht mehr zu eruieren. Bei einigen konnte später die Identität geklärt werden. 1840 fand die erste Beisetzung einer unbekannten Wasserleiche statt. Ein reguläres Begräbnis erhielten die Unglücklichen jedoch nicht, weil es sich in nicht wenigen Fällen auch um Selbstmörder handelte, die in ihrer Verzweiflung ins Wasser gegangen waren. Und so wurden die Leichen meist einfach in der Erde verscharrt.

Dieser erste Friedhof der Namenlosen, auf einer Karte von 1873 noch als Friedhof für Ertrunkene bezeichnet, wurde immer wieder überschwemmt. Anfang 2013 verschwand er jedoch endgültig von der Bildfläche. Der bis 1900 genutzte Friedhof mit seinem markanten Kreuz und der idyllischen Bewaldung war einer Erweiterung des Hafengebietes gewichen. Denn anders als ein später angelegter zweiter Friedhof – dazu kommen wir noch – stand die Fläche nicht unter Denkmalschutz. Seit 1998 bestand die Flächenwidmung „Sondergebiet

Hafen" und seit Dezember 2012 wurde das auch umgesetzt. Zuvor untersuchten noch Archäologen das Gebiet und bargen Überreste von Verstorbenen.

Bei dem heute noch zugänglichen Friedhof der Namenlosen handelt es sich um eine im Jahr 1900 vom Simmeringer Bezirksvorsteher Albin Hirsch angelegte Begräbnisstätte. Weil sie hinter einem Schutzdamm lag, blieb sie von Überschwemmungen verschont. 104 Wasserleichen wurden hier von 1900 bis 1940 beerdigt.

1935 erhielt der Friedhof eine steinerne Mauer und eine Kapelle. Doch kurz darauf erfolgten keine Begräbnisse mehr. Durch den Bau des großen Getreidesilos, das auch heute noch zu sehen ist, änderten sich die Strömungen in der Donau. Wasserleichen wurden nicht mehr an der Stelle angeschwemmt. Außerdem kam Albern 1938 zu Wien und unbekannte Tote wurden seitdem auf dem Wiener Zentralfriedhof begraben.

Bei den Gräbern handelt es sich um schlichte Erdhügel, jedes ist jedoch mit einem Gusseisenkreuz versehen. Auf den Tafeln steht meist „Unbekannt" oder „Namenlos", in manchen Fällen ist aber auch mehr Information vorhanden. Etwa „Ertrunken durch fremde Hand im 11. Lebensjahr". Für das Anbringen der Kreuze und die Pflege des Friedhofes sorgte der frühere ehrenamtliche Totengräber Josef Fuchs bis zu seinem Tod im Jahr 1996. Er wurde für sein Engagement von der Stadt Wien mit dem Goldenen Verdienstzeichen geehrt.

Immer am Nachmittag des ersten Sonntags nach Allerheiligen hält der Fischereiverein Albern übrigens eine Gedenkfeier ab und bringt ein mit Kränzen, Kerzen und Blumen
geschmücktes Floß in die Mitte der Donau.

Beim Zugang zum Friedhof findet sich auf einer Tafel ein
Gedicht von dem österreichischen Lyriker Albrecht Graf
Wickenburg:

Tief im Schatten alter Rüstern,
Starren Kreuze hier am düstern
Uferrand.
Aber keine Epitaphe,
Sage uns wer unten schlafe.
Kühl im Sand.
Still ist's in den weiten Augen.
Selbst die Donau ihre blauen
Wogen hemmt.
Denn sie schlafen hier gemeinsam,
Die, die Fluten still und einsam,
Angeschwemmt.
Alle die sich hier gesellen,
Trieb Verzweiflung in der Wellen
Kalten Schoß.
Drum die Kreuze die da ragen,
Wie das Kreuz das sie getragen,
„Namenlos".

Friedhof der Namenlosen
Alberner Hafen
1110 Wien

Einen ganz anderen Blick auf die Vergänglichkeit des Seins bietet die pathologisch-anatomische Sammlung des Naturhistorischen Museums. Schon das Gebäude, wo sie untergebracht ist, verdient das Prädikat „kurios". Denn es handelt sich um den sogenannten Narrenturm, der das weltweit erste Klinikum für Geisteskranke darstellte und heute eine makabre Sammlung mit rund 50.000 menschlichen Präparaten beherbergt.

Der runde Bau am Universitätscampus wurde 1784 unter Kaiser Joseph II. errichtet und diente als „Irrenhaus". Auf fünf Stockwerken gab es 139 Einzelzellen für die Patienten. Es handelte sich um das weltweit erste psychiatrische Krankenhaus. Man wollte die Geisteskranken nicht einfach wegsperren, sondern behandeln. Trotzdem waren die Umstände für heutige Verhältnisse unfassbar. Jede Zelle umfasst nur 13 Quadratmeter, anfangs ohne Kanalanschluss. Aggressive Patienten wurden in den Zellen angekettet, weniger auffällige Zeitgenossen durften sich frei in den Gängen bewegen. Bis 1866 wurde hier therapiert. Wegen seiner ungewöhnlichen Form erhielt der Narrenturm von den Wienern den Spitznamen „Gugelhupf".

Kurios ist auch, dass sich hier der wahrscheinlich älteste Blitzableiter der Welt befindet. Getuschelt wurde übrigens genügend über den Narrenturm. Ein Aufbau in Form eines Oktogon soll für Treffen von Joseph II. mit Freimaurern gedient haben.

Was hat das jetzt mit dem Tod zu tun? Heute beherbergt dieses hochinteressante Gebäude, wie gesagt, die pathologisch-anatomische Sammlung und die besteht aus Tausenden menschlichen Präparaten. Für schwache Nerven ist eine Führung durch die Sammlung wahrscheinlich nichts, und dass jemandem schlecht wird oder jemand plötzlich die Führung verlassen will, ist auch nichts Außergewöhnliches. Denn die insgesamt rund 50.000 Präparate, davon etwa die Hälfte in Flüssigkeit konserviert, stellen menschliche Körperteile dar.

Entstanden ist die Sammlung bereits ab 1796. Bei den in Formaldehyd eingelegten Körperteilen wurde auf Besonderheiten Wert gelegt, als Anschauungsmaterial für Mediziner. Das ist hochinteressant, aber nicht sehr schön anzuschauen. Das bekannteste Präparat ist jenes eines fünfjährigen Mädchens. Als sogenanntes „Stopfpräparat" ist der gesamte Körper erhalten. Das Kind litt an einer seltenen Hautkrankheit, der Fischschuppenkrankheit oder Ichthyosis. Obwohl mehr als 300 Jahre alt befindet sich das Präparat in einem sehr guten Zustand und ist nach einer Restaurierung im Jahr 2008 auch wieder ausgestellt. Aber auch die übrigen „Ausstellungsstücke" sind an Kuriosität wohl kaum zu überbieten: Vor allem Körperteile mit Fehlbildungen und Krankheiten wurden so der Nachwelt erhalten. Missgebildete Embryos, Skelette mit rachitischen Missbildungen, Fehlbildungen, verunstaltete Gesichter. Die Sammlung ist faszinierend, auch wenn es teilweise nur die „Faszination am Ekel" ist, wie es die Direktorin des Hauses, Dr. Beatrix Patzak, in ihrem Buch über die Sammlung ausdrückt. Geöffnet ist jeden Mittwoch von 10 bis 18 Uhr und jeden Samstag von 10 bis 13 Uhr.

Narrenturm / Uni Campus
Spitalgasse 2
1090 Wien
www.narrenturm.at

Für das dritte Beispiel des morbiden Wien müssen wir uns in den Untergrund begeben. Genauer gesagt, unter die Michaelerkirche im 1. Bezirk. Errichtet wurde sie unter der Herrschaft von Babenbergerherzog Leopold VI. von 1219 bis 1221, sie ist damit eine der ältesten Kirchen von Wien. Die Michaelerkirche ist auch eine der wenigen romanischen Kirchenbauten in der Stadt und neben dem Stephansdom die wichtigste Begräbniskirche Wiens. Mehr als 100 Grabsteine, von der Renaissance bis zum 18. Jahrhundert, finden sich im herrlichen Kircheninneren. Der Innenraum bietet etliche sehenswerte Sehenswürdigkeiten wie den Hochaltar, einen Triumphbogen sowie die herrliche Orgel von 1714. Für die für uns interessanten Besonderheiten muss man sich jedoch noch einige Stufen tiefer begeben. Denn direkt unter der Kirche (und teilweise sogar darüber hinaus) befindet sich eine riesige Gruft, in der mehr als 4.000 Menschen im Lauf der Jahrhunderte beigesetzt wurden. Die Gruft mit insgesamt 800 Quadratmetern wird von 19 Teilgrüften gebildet. Sechs weitere Teilgrüfte sind zwar bekannt, aber nicht zugänglich.

Das wirklich Außergewöhnliche an der Gruft von St. Michael ist eine natürliche Mumifikation etlicher Leichen. Es handelt sich um eine von nur acht vergleichbaren Katakomben in Europa, wo eine ähnliche Entwicklung zu beobachten ist. Das besondere Klima in der Gruft mit niedriger und gleichmäßiger Temperatur sowie geringer Luftfeuchtigkeit sorgte dafür, dass 33 Leichen als Mumien konserviert wurden und heute noch in erstaunlichem Zustand erhalten sind.

Diese exklusive Ruhestätte war jedoch nicht für jedermann. Eine Beisetzung in der Gruft konnte sich nur die bessere Gesellschaft leisten. Für die „Normalsterblichen" gab es anfangs den Friedhof rund um die Kirche und ab dem

16. Jahrhundert die Friedhöfe außerhalb der Stadtmauern. Die Michaelergruft in ihrer heutigen Form entstand im 16. Jahrhundert und wurde bis 1784 genutzt. Dann wurden die Katakomben als Folge der Reformen von Kaiser Joseph II. geschlossen.

In der Gruft ruhen die Knochen von vielen der rund 4.000 Bestatteten nicht in Särgen, sondern sind als Knochenstapel erhalten. An manchen Stellen stapeln sich die Knochen sogar bis an die Decke. Dazu kommen rund 250 Holz- und Metallsärge, leider in einem teilweise schlechten Zustand. Lüftungsschächte und Öffnungen, die in der Vergangenheit für das besondere „konservierende" Klima in der Gruft sorgten, wurden im Lauf der Zeit verschlossen. Infolge drang Feuchtigkeit vor und führte zum Klimawandel samt negativen Auswirkungen. Dazu kam auch Schädlingsbefall durch Rüsselkäfer. Seit 2006 werden aufwändige und teure Renovierungsarbeiten in der Gruft durchgeführt. Alte Lüftungsöffnungen wurden wieder aktiviert und seit 2012 sorgt eine Umluftkühlanlage für das optimale Gruftklima.

Auch die Kleidung der Verstorbenen präsentiert sich, abgesehen von einer dicken Staubschicht, noch, als wäre der Besitzer nicht vor einigen Jahrhunderten, sondern erst vor Kurzem hier zur ewigen Ruhe gebettet worden. „Star" der gruftigen Ruhestätte ist Pietro Metastasio, der Librettist von Wolfgang Amadeus Mozart. Zu dem großen Musiker hat die Michaelerkirche übrigens noch einen weiteren Bezug: Am 10. Dezember 1791 wurden bei den Begräbnisfeierlichkeiten für das Musikgenie in der Kirche Teile des nicht vollendeten Requiems von Mozart uraufgeführt. Der Gedenkgottesdienst wurde von Emanuel Schikaneder finanziert, von dem nicht nur das Libretto der „Zauberflöte" stammt, er hatte nur weni-

ge Monate zuvor bei der Premiere der Oper auch den „Papageno" gespielt.

Ein Besuch der Gruft ist nur im Rahmen einer Führung möglich. Die Pfarre St. Michael legt großen Wert darauf, dass die Gruft keine kuriose „Geisterbahn", sondern eine christliche Begräbnisstätte ist und die Atmosphäre der Pietät und Besinnung erhalten bleibt.

Pfarre St. Michael
Habsburgergasse 12
1010 Wien
www.michaelerkirche.at

Wo Mozart pinkelte ...!

Nahe des Weinviertler Ortes Hollabrunn in Niederösterreich führte Mitte des 18. Jahrhunderts eine bedeutende Poststraße von Wien nach Prag. Adelige, Eminenzen und Generäle ließen sich in einer Pferdekutsche in die ehemalige Residenzstadt Prag bringen. Die Fahrt war beschwerlich und dauerte Tage. Wer sich in die Lage der damaligen Passagiere hineinversetzt, kann sich vorstellen, wie ungemütlich es vermutlich gewesen sein muss – in einer Kutsche auf harten Bänken zu sitzen und zu spüren, wie die hölzernen, mit Eisen ummantelten Räder über Stock und Stein rumpelten. Noch dazu waren die Straßenzustände miserabel, was auch Wolfgang Amadeus Mozart (1756–1791) – soweit überliefert – beklagte, als er zwischen 1787 und 1791 mehrmals nach Prag fuhr, um seine Konzert- und Opernaufführungen feiern zu können. In den Briefen an seinen Vater Leopold (1719–1787) waren die Reisestrapazen immer wieder ein dominantes Schreibthema: „Dieser Wagen stößt einem doch die Seele heraus. Und die Sitze, hart wie Stein!" Dass er einen gewissen komfortablen Anspruch beim Reisen hatte, kann man Mozart nicht übel nehmen. Immerhin war das Wunderkind der klassischen Musik mehr als 3.700 Tage – umgerechnet über zehn Jahre – fast ununterbrochen unterwegs und besuchte mehr als 200 Orte.

Einer dieser Orte soll laut einer Legende auch Raschala bei Hollabrunn gewesen sein. Die Umstände für seinen kurzen Aufenthalt haben aber nichts mit seinen musikalischen Geniestreichen, sondern mit seinen menschlichen Grundbedürfnissen zu tun. Auch „Wunderkinder" müssen irgendwann einmal ein kleines Geschäft erledigen. So könnte es dazu gekommen sein, dass Mozart auf dem Weg nach Prag seinen Kutscher bat, kurz anzuhalten, um an einem Stein unter der Linde seine Blase zu entleeren. Ein heute in der Nacht beleuchteter Gedenkstein, besser bekannt als „Mozarts Pinkelstein", markiert in der Raschalaer Kellergasse genau jene Stelle, die dem Musiker Erleichterung verschaffte, um danach wieder unbeschwert in der Kutsche sitzen zu können. Wenn die beiden „Raschalaer Köllamauna" Helmut Leierer und Werner Daim über dieses „historische Ereignis" sprechen, gelingt es ihnen nur schwer, wirklich ernst zu bleiben. Ihre „Geschichte" funktioniert nur mit einem gewissen Augenzwinkern. Allerdings haben sie es geschafft, eine Tatsache in den Köpfen der Menschen zu manifestieren, die während eines gemütlichen und kreativen Abends in einem Weinkeller entstand. „Wir haben uns eines Abends im Herbst 1975 darüber Gedanken gemacht, wer früher hier vorbeigekommen sein dürfte. Darunter vermutlich auch Mozart", glaubt Leierer, der einer der Initiatoren des Pinkelsteins ist. Als Grundlage diente die Novelle „Mozart auf der Reise nach Prag" von Eduard Mörike. Nur wenige Wochen nach der Geburtsstunde der bahnbrechenden Idee wurde am 29. Februar 1976 vor Hunderten Gästen ein Granitstein aus dem benachbarten Waldviertel samt Gedenktafel am Anfang der „Pinkelstein Kellergasse" aufgestellt. Reporter und Fotografen leisteten mit ihren ausführlichen Berichten in Zeitungen und Reisebüchern einen Beitrag dazu, die erfundene Geschichte echt wirken zu lassen und bekannter zu machen.

Auch wenn sich die Besitzer der umliegenden Weinkeller mit Mozarts Pinkelstein nur einen Spaß erlaubt haben, ist der grundlegende Gedanke dahinter nicht ganz von der Hand zu weisen. Fakt ist, dass die historische Poststraße von Wien über Hollabrunn (Raschala) und Znaim nach Prag führte, worüber auch ein altes Heurigenplakat aus den 1950er-Jahren mit dem aufgedruckten Ortshinweis „Kellergasse Poststeig" Auskunft gibt. Es kann gut möglich sein, dass Mozart nahe Raschala vorbeikam. Aber darüber sind (noch) keine eindeutigen Beweise bekannt.

Jedenfalls hat sich aus einer schrägen Idee eine kreative Institution entwickelt. Seit der Enthüllung des Denkmals fin-

det jeden Faschings-sonntag im Schaltjahr das inzwischen traditionelle „Pinkelsteinfest" statt. Dieses hat immer ein anderes Thema. Einmal wurde der „Kongress der Gartenzwerge" veranstaltet, ein anderes Mal eine Bieroper aufgeführt oder der „Freistaat Raschala" inklusive einer eigenen Währung (1 Pinkler = 100 Tröpfler) ausgerufen. Sogar eine Hymne wurde komponiert: „Heut' können wir verkünden, unsern Freistaat Raschala. Frei von Lastern und von Sünden sind alle die Menschen da. Raschala, du junger

Freistaat, liegst am Pinkelstein so stolz, und Wein aus Deinen Rieden ruht in Fässern aus Eichenholz."

Wie aktiv die Dorfbewohner sind, unterstreicht einerseits der extra gegründete Verein „D'Raschalaer Köllamauna", andererseits die schmucke Kellergasse. In den vergangenen zwei Jahrzehnten sind die 28 Presshäuser in Raschala innen und außen revitalisiert worden. Ein alter Weinkeller wurde sogar so umgestaltet, als wäre er seit mehr als 100 Jahren nicht verändert worden. Stolz sind die „Köllamauna" auch auf ihre Kellerstraße selbst. Den alten Asphaltbelag haben sie auf einer Gesamtfläche von 1.400 Quadratmetern durch viele kleine Pflastersteine ersetzt. „Wir können jetzt mit Recht behaupten, die besterhaltene Kellergasse Österreichs zu besitzen", sind Leierer und Daim überzeugt.

Mozarts Pinkelstein
Stadtteil Raschala
2020 Hollabrunn
www.pinkelstein.at

Das Marmorhaus aus Grabsteinen

Die Bezeichnung „Grabsteinhaus" hört der Besitzer eigentlich gar nicht gerne, aber die lieben Nachbarn haben diesen Namen eben kreiert, und er hat sich schließlich auch durchgesetzt. Wobei er ja auch nicht so weit hergeholt oder unpassend ist, denn der schmucke Bau in Korneuburg im niederösterreichischen Weinviertel besteht zu einem guten Teil eben aus – Grabsteinen und Teilen davon. Seit mehr als 30 Jahren wird an dem architektonischen Lebens- und Wohntraum aus Marmor gearbeitet.

Der kuriose Bau ist das Werk eines Wiener Arztes, oder besser gesagt sein Lebenswerk. Begonnen hat alles ganz normal und harmlos, denn ursprünglich wollte Rudolf Pusch in Korneuburg ein durchaus gewöhnliches Haus errichten – als Zuhause für seine ärztliche Praxis. Doch wie das Leben oft so spielt, kam es anders als geplant: Der zugesagte Kassenvertrag kam doch nicht zustande, das Grundstück in der Franz-Wirrer-von-Rettenbach-Straße in Korneuburg war jedoch schon erworben und so begann Pusch zu bauen. Wieder spielte der Zufall eine entscheidende Rolle: Die alte Krankenanstalt Rudolfstiftung in Wien wurde abgerissen. Versuche von Pusch, das zu verhindern, blieben ohne Erfolg. Die eindrucksvolle Säulenhalle des alten Krankenhauses hatte es ihm jedoch angetan, er kaufte Säulen und Marmor auf und begann, damit sein eigenes, ganz spezielles Traumhaus zu errichten.

Stück für Stück wuchs der eigentümliche Bau in die Höhe. Mit einigen (Zwangs-)Pausen. Einmal passte der Behörde der extravagante Baustil nicht, dann engagierte sich der Bauherr wegen seiner Wurzeln in Berlin für die deutsche Wiedervereinigung und investierte viel Zeit und Geld in Aktionen wie die Organisation von Demonstrationen in Ostdeutschland. Das hielt den Bau des „Grabsteinhauses" auf. Doch Rudolf Pusch verlor sein großes Ziel nie aus den Augen und baute langsam, aber stetig und fleißig weiter.

„Jeder einzelne Stein ist durch meine Hände gegangen", sagt Pusch nicht ohne Stolz in einem Bericht im „Kurier". Teilweise sind es wahrhaft gigantische Teile. So thronen im ersten Stock des Hauses zwei markante Herkules-Statuen aus Sandstein, jede dreieinhalb Tonnen schwer und mit Gummimatten gegen allfällige Schwingungen abgefedert. Damit sollen die Statuen auch ein Erdbeben unbeschadet überstehen. Die Begrenzungen der Fenster bestehen aus Säulen aus feinstem Marmor. Die Fenstereinfassungen hat der Bauherr eigenhändig geschliffen, gefräst und eingemauert. Dass hier für die Ewigkeit gebaut wird, zeigen die knapp zehn Tonnen Eisen, die für die oberste Geschoßdecke Verwendung fanden. Im Mai 2013 wurde Dachgleiche gefeiert. Oben drauf soll ein Nirosta-Dach kommen. „Ich muss einfach fertig werden", sagt der fleißige und eigenwillige Bauherr.

Auch die Nachbarn haben sich im Lauf der Jahre an das Haus aus Granit und Marmor gewöhnt. „Ich bewundere seine Energie", meint ein Nachbar. Auch der anfangs etwas abwertende Name hat einen Imagewandel durchgemacht. Manche sagen mittlerweile auch „Der Tempel" dazu. Öffentlich zugänglich ist das Grabsteinhaus zwar nicht, aber auch ein Blick von außen vermittelt einen guten Eindruck, mit welcher Energie und Akribie hier seit mehr als 30 Jahren ans Werk gegangen wird.

Nicht weit entfernt, in Siebenhirten (Bezirk Mistelbach), zeigt sich eine weitere architektonische Besonderheit des Weinviertels: Der Hofstadl ist ein Kuriosum aus dem 19. Jahrhundert. Denn die Dachkonstruktion des einstigen Herrschaftsstadls gleicht einem umgekehrten Schiffsrumpf. Handwerker aus Norddeutschland haben die außergewöhnliche Konstruktion angefertigt. 1994 wurde der Bau vor dem Abbruch gerettet und als Kultureinrichtung und Sehenswürdigkeit erhalten. Heute bietet er einen extravaganten Rahmen für Veranstaltungen aller Art und ist zugleich Anziehungspunkt für Architekten und Schiffsbautechniker aus ganz Europa, die die einzigartige Bauweise studieren.

„Grabsteinhaus"
2100 Korneuburg
Franz-Wirrer-von-Rettenbach-Straße

_____

Kulturzentrum 7hirten
2130 Siebenhirten
www.7hirten.at

_____

Michael Jackson in Mistelbach

25. Juni 2009. Millionen Menschen starrten weltweit auf die Fernsehbildschirme. Die Situation erinnert an den 11. September 2001, als zwei gekaperte Zivilflugzeuge ins World Trade Center in New York rasten und die Zwillingstürme hintereinander zum Einsturz brachten. Auch diesmal verfolgen Menschenmassen vielerorts die Livebilder, die ihnen zunächst nur US-amerikanische Nachrichtensender und später auch viele andere TV-Stationen rund um den Globus frei Haus liefern. Der Schauplatz ist Los Angeles. Ein Leichenwagen bleibt vor dem „UCLA Medical Center" stehen. Zwei schwarz gekleidete Männer schieben eine Bahre aus dem Wagen, auf der offensichtlich ein Leichnam abgedeckt liegt. Sie bringen die sterblichen Überreste ins Hospital. Als ein Fernsehinsert eingeblendet wird, sind viele fassungslos. Keine Terrormeldung, sondern eine Trauernachricht schockt die Welt: „Michael Jackson ist tot." Sein Herz hat aufgehört zu schlagen. In Europa war es kurz vor Mitternacht, als der selbst ernannte „King of Pop" von Medizinern in Los Angeles für tot erklärt wurde. Er starb an einem Herzkreislaufstillstand – mit nur 50 Jahren. Bis heute trauern Millionen Menschen um ihr Musikidol. An mehreren Orten dieser Erde haben Fans inzwischen Pilgerstätten errichtet, wie auch in Mistelbach in Niederösterreich, die europaweit einzigartig sein soll.

Michael Jackson gilt als die größte Popsensation aller Zeiten, dessen Leben sich zwischen Genie und Wahnsinn bewegte. Er war ein Genie, weil er die Popmusik wie kein anderer neu interpretierte und einen Hit nach dem anderen aus seinem Hut zauberte. Er war aber auch ein irrer Grenzgänger, der sich durch unzählige kosmetische Eingriffe körperlich entstellen und seine schwarze Hautfarbe bleichen ließ, der tablettensüchtig war und sich privat in eine unwirkliche Fantasiewelt zurückzog. Vermutlich hatte auch der jahrelange Drill seines gefühlskalten und autoritären Vaters Joseph Jackson negative Spuren in seiner Seele hinterlassen.

Das deutsche Nachrichtenmagazin „Der Spiegel" kam zu dem Schluss, dass Michael Jackson nicht erst am 25. Juni 2009 starb, sondern sein Leben schon am 13. Juni 2005 zu Ende war. Damals saß „Jacko" wegen des Verdachts sexuellen Kindesmissbrauchs auf der Anklagebank im Saal 102 des Bezirksgerichts von Santa Maria in Kalifornien. Obwohl ihn die 12 Geschworenen vom Vorwurf freigesprochen hatten, war der „King of Pop" öffentlich entmachtet.

Jackson arbeitete zwar hart – fast Tag und Nacht – an einem Comeback. Doch das sollte ihm nicht mehr gelingen. Just als er sich für eine Tournee mit 50 Konzerten vorbereitete, hörte sein Herz auf zu schlagen. Nicht einfach so. Wie sich später herausstellte, hatte ihm sein Leibarzt Conrad Murray das Narkosemittel Propofol verabreicht, um Jackson zum Schlafen zu bringen. Er schlief. Todsicher. Und ohne Zweifel. Weil ihn das Mittel seines Arztes ins Jenseits befördert hatte. Zwei Jahre später wurde Murray wegen fahrlässiger Tötung zu vier Jahren Haft verurteilt, die er aber nur zur Hälfte absitzen musste. Wegen guter Führung und eines überbelegten Gefängnisses kam der gelernte Kardiologe schon nach zwei Jahren wieder frei. Auch nach seiner Entlassung beteuerte Murray in einem Gespräch mit dem US-amerikanischen Promi-Internetportal „TMZ" seine Unschuld. „Ich habe ihm niemals Leid zugefügt. Ich liebe Michael sehr. Ich bin zweifellos ein größerer Fan als die meisten anderen", sagte Murray, „Michael liebt mich noch genauso, wie er mich damals geliebt hat. Ich weiß, dass er mich heute genauso liebt, wie ich ihn liebe."

Trotzdem bleibt Jacksons Leibarzt das Feindbild der Fans. Die Trauer ist nach wie vor groß. Sie ging nun sogar soweit, dass Murray in Frankreich auf Schadenersatz verklagt wurde. Der Prozess im Februar 2014 endete kurios: Ein französischer Richter aus Orléans konnte nachvollziehen, dass die Fans durch den Tod ihres Musikidols einen psychischen Schaden erlitten hatten. Er sah die Schuld dafür bei Murray und sprach den Klägern aus Belgien, Frankreich und der Schweiz einen symbolischen Euro Schadenersatz zu. Den fünf Fans ging es dabei aber weniger um das Schmerzensgeld, sondern viel mehr um die gerichtliche Anerkennung ihres Opferstatus'. Nur mit diesem sei ein Besuch der Grabstätte Jacksons in Los Angeles möglich, erklärte die französische Klägerin Myriam Walter der deutschen Nachrichtenagentur „dpa".

So weit müsste sie eigentlich gar nicht reisen, um einen Ort zu finden, wo sie ungestört und würdevoll um Michael Jackson trauern könnte. Billiger wäre es, wenn sie einen Flieger nach Österreich nehmen würde. Denn Michael Jackson hat vor mehr als einem Jahr auch in der niederösterreichischen Kleinstadt Mistelbach an der Zaya eine „Heimat" gefunden. Das „Denkmal4Michael" befindet sich im Landesbahnpark in der Josef-Dunkl-Straße und ist seit der Errichtung schon von vielen Pilgern, was kaum zu übersehen ist, heimgesucht worden. Fans haben ihre Spuren hinterlassen. Rund um den Betonsockel sind zahlreiche Blumen, Grablichter, Jackson-Bilder, Briefe, Herzen und kleine Engel zu sehen.

Mitte Oktober 2011 hatte der Gemeinderat in Mistelbach aufgrund einer Initiative von Martina Kainz den Standort für das Denkmal mehrheitlich beschlossen. Als sie erfuhr, dass ihrem Projekt nichts mehr im Weg stehen würde, war sie sprachlos. „Damit hatte ich nicht gerechnet. Fast hätte ich meinen Kaffee wieder ausgespuckt. Ich war überzeugt, dass ich eine Absage bekommen würde", erzählt Kainz. Ursprünglich hatte sie kein gutes Gefühl, weil sie von vielen gescheiterten Projekten in ganz Europa erfuhr. „Immer wieder schrieben mir Leute von gescheiterten Jackson-Denkmälern, zum Beispiel in Köln, Prag und Berlin. Dann wollte ich es einfach wissen und habe viel Kraft und Energie aufgewendet", schildert die Initiatorin. Und tatsächlich klappte die Umsetzung. Für den Ausnahmemusiker ließ Kainz eine zwei Meter hohe Statue anfertigen, die den verstorbenen „King of Pop" in weißem Anzug, mit goldener Krawatte und in typischer Gesangspose zeigt. Im Mai 2013

wurde das erste österreichische Michael Jackson Denkmal, wenn nicht sogar das erste und einzige Europas, vor fast 300 Fans im Landesbahnpark enthüllt. „Zu Lebzeiten hat mich Michael Jackson nicht so sehr interessiert. Aber jetzt weiß ich, dass er dieser Welt alles gegeben hat. Seine Kunst und seine Seele. Und diese Welt hat ihn für seine Gutgläubigkeit schikaniert und schließlich getötet", schreibt Daniela Kartakova, die aus Tschechien stammende Dchöpferin der Skulptur auf der Webseite „Denkmal4Michael". Inzwischen hat Initiatorin Martina Kainz ihre Erlebnisse auch in dem Buch „Die Enthüllung. Der ‚King' ist in der Stadt" zusammengefasst.

Auch fünf Jahre nach seinem Tod lebt Michael Jackson weiter. „Der King of Pop lebt. Irgendwie", schreibt der „Spiegel". Zumindest seine Fans und Jackson-Imitatoren werden nicht müde, verschiedene Aktionen zu setzen, um ihn am Leben zu halten. Zu den bekanntesten Fans gehört auch „Pop-Queen" Lady Gaga, die im Jänner 2014 verkünden ließ, in den USA ein Jackson-Museum errichten zu wollen. Die 27-Jährige hat in den vergangenen Monaten mehrere Kleidungsstücke und Gegenstände aus dem Nachlass von Michael Jackson ersteigert. Der Schatz, unter anderem ein berühmter, mit Swarovski-Steinen besetzter Handschuh und eine rote Jacke aus dem „Thriller"-Musikvideo, hat einen Wert von zwei Millionen Euro. Was Lady Gaga allerdings noch fehlt, ist das Einverständnis des Nachlassverwalters, eine Ausstellung realisieren zu können.

Egal ob mit oder ohne Museum. Laut einer Umfrage der „YouGovPsychonomics AG" wird Michael Jackson zumindest den Österreichern als „King of Pop" in Erinnerung bleiben. Vor allem den Frauen. Fast jede Vierte (23 Prozent) sagt, den Musiker als Poplegende im Gedächtnis zu haben. Bei den

Männern (22 Prozent) sind es besonders seine kosmetischen Korrekturen, die unvergessen bleiben. Was die Frauen an Jackson schätzen, ist seine Musik (21 Prozent) und sein „Moonwalk" (Tanzstil, 19 Prozent). Einig sind sich die Österreicherinnen und Österreicher, was den Lieblingssong unter dem musikalischen Erbe betrifft. Beide reihen „Thriller" an die oberste Stelle.

Dass Michael Jackson unsterblich bleibt, dafür sorgt auch seine Produktionsfirma Sony. Im Mai 2014 kam das zweite posthume Album unter dem Titel „Xscape" auf den Markt. Darauf sollen insgesamt acht noch unveröffentlichte Songs sein. Bleibt abzuwarten, ob sie ähnliche Megahits werden wie „Beat it", „Billie Jean" und „Thriller".

Michael Jackson Denkmal
Landesbahnpark
Josef-Dunkl-Straße 19
2130 Mistelbach an der Zaya
http://.denkmal4michael.jimdo.com/

Autobahn
ohne Autos

Die Geschichte der österreichischen Autobahnen reicht nicht einmal 90 Jahre zurück. Der erste Entwurf für eine groß dimensionierte Straßenverbindung (zwischen Wien und Semmering) entstand im Jahr 1926. Mehr als Überlegungen und Pläne gab es aber auch Jahre später noch nicht. Der Allererste, der in Österreich eine Autobahn bauen ließ, war der Diktator des Deutschen Reiches höchstpersönlich, Adolf Hitler (1889–1945). Nicht einmal einen Monat nach dem Einmarsch der deutschen Truppen in Österreich folgte am 7. April 1938 der Spatenstich für den ersten Teil der Westautobahn am Walserberg bei Salzburg. Obwohl geplant war, innerhalb weniger Jahre ein rund 1.000 Kilometer dichtes Reichsautobahnnetz zu errichten, konnten bis zum vorzeitigen kriegsbedingten Ende der Bauarbeiten Anfang 1942 nur zwei kurze Streckenabschnitte bei Salzburg fertiggestellt werden. Das heißt: Hitlers österreichische Reichsautobahn war in Summe nicht einmal 17 Kilometer lang. (Allerdings waren die Erdarbeiten und Brückenbauten an der West-, Tauern- und Wiener Außenring-Autobahn damals schon so weit fortgeschritten, dass die Straßenplaner nach 1945 nicht mehr an der vom NS-Regime vorgesehenen Trassierung vorbeikamen.)

Weil die Benützung der Kraftfahrzeuge während des Zweiten Weltkrieges (1938–1945) stark eingeschränkt und Benzin kaum vorhanden war, sahen auch die bis dahin fertiggebauten Autobahnabschnitte so gut wie keine Fahrzeuge. Daraus resultierte eine ungewöhnliche Entscheidung: Fußgänger und Rad-

fahrer hatten ab August 1943 vorübergehend die Erlaubnis, die Autobahnteilstücke bei Salzburg als Promenade oder Spielplatz zu nützen. Alte Fotoaufnahmen zeugen noch heute von dieser kinder- und familienfreundlichen Kuriosität.

Heute, mehr als 70 Jahre später, kann sich keiner mehr vorstellen, dass eine Koexistenz zwischen Kraftfahrzeugen und Fußgängern beziehungsweise Radfahrern auf Autobahnen unfallfrei funktionieren könnte. Schon alleine deswegen nicht, weil der Motorisierungsgrad inzwischen viel zu hoch ist. Hatten Mitte der 1940er-Jahre nicht einmal 200.000 Kraftfahrzeuge in Österreich eine offizielle Verkehrszulassung, so waren Ende 2012 – laut Statistik Austria – insgesamt 6,3 Millionen Fahrzeuge angemeldet. Alleine der Pkw-Anteil betrug in Österreich per 31. Dezember 2012 fast 4,6 Millionen. Auch wenn das (mautpflichtige) Autobahnnetz der Autobahn- und Schnellstraßen-Finanzierungs-Aktiengesellschaft – kurz

ASFINAG – mittlerweile auf eine Länge von 2.178 Kilometer angewachsen ist, kann im Gegensatz zu früher kaum noch von einem überdimensionierten Fernstraßennetz gesprochen werden.

Trotz der hohen Verkehrsdichte in Österreich gibt es sie aber immer noch – die fahrzeugfreie Autobahn, auf der keine Mautpflicht gilt und prinzipiell alles erlaubt ist, was auf anderen Straßenverbindungen unter Strafe steht. Genau genommen ist die „Autobahn" in Paasdorf bei Mistelbach aber nichts anderes als eine zu Fuß begehbare, mit Leitschienen und Bodenmarkierungen voll ausgestattete Asphaltfläche, die rund drei Meter unter dem Erdniveau liegt und nicht länger als zehn Meter ist. Für das Benützen mit Spielzeug-Fahrzeugen würde die freigelegte Fahrbahn mitten im niederösterreichischen Weinviertel vermutlich ausreichen. Aber keine Sorge. Nicht die defizitäre ASFINAG, sondern das Künstlerduo „Prinzgau/ Podgorschek" steckt hinter dem ungewöhnlichen Projekt. Mit der „Entdeckung der Korridore" im Jahr 1995 haben sich die beiden ein damals heiß diskutiertes Denkmal gesetzt. Die einen sprachen von einem „Kunstwerk", die anderen von einem „Schmarrn" oder „Hirngespinst", worüber auch in zahlreichen Zeitungen geschrieben wurde. Dieses „Land Art"-Projekt ist jedenfalls Teil einer Kulturlandschaft, die „In der Dick", einer Gegend südöstlich von Paasdorf, errichtet wurde. Die umgerechnet fast 51.000 Euro (700.000 Schilling) teure „Paasdorfer Autobahn" ist im Maßstab 1:1 erbaut und soll ein Relikt unserer heutigen (Bau-)Kultur sein oder als Ruine beziehungsweise fiktive Ausgrabungsstätte wahrgenommen werden. Das Kunstwerk „konfrontiert uns mit dem ambivalenten System des Fahrens. Es geht um die Autobahn und ihre Geschichte. Von allen NS-Bauten behält einzig die Autobahn alle Funktionen bei. Ihre Geschichte war damals noch so kurz und unbefahren wie die ersten deutschen Autobahnen selbst", erklären die Künstler in ihrem Konzept. Das freigelegte Teilstück – zu sehen als „eingefrorenes Bild" in der Grube – soll aber auch eine Anspielung an eine unter dem NS-Regime geplante Autobahn durch das Weinviertel sein. Als das Künstlerduo sein Projekt vor mehr als 18 Jahren realisierte, war von einer (inzwischen zum Teil errichteten) A5 Nord-Autobahn im Weinviertel noch keine Rede. Wem die Autobahn alleine zu wenige Argumente liefert, um einen Ausflug nach Paasdorf zu machen, der kann auch die anderen fünf Kunstobjekte entlang eines Themenwanderwegs auf sich wirken lassen. Zu sehen gibt es auch ein „Mahnmal für verlorene Artenvielfalt", das „Klangatoll", ein „Eisernes Kreuz", ein „Ornamentfragment" und das „Windwürfelhaus". Wer die Autobahn sucht, muss sich im Ort an der Beschilderung „Kulturlandschaft Paasdorf" orientieren. Es reicht aber auch, einen Einheimischen nach der „Autobahn" zu fragen. Im Ort kennt das autofreie Straßenstück jeder.

Stadtgemeinde Mistelbach
Hauptplatz 6
2130 Mistelbach
www.mistelbach.at

Alles Nonsens
oder was?

Wenn es einen Ort in Österreich gibt, der sich mit Adjektiven wie kurios, skurril und schräg schmücken darf, dann ist das zweifellos ein „gallisches Dorf" im nördlichen Weinviertel, das nur wenige Kilometer von der tschechisch-niederösterreichischen Grenze entfernt liegt. Auf den ersten Blick sieht der Ort zwar genauso unspektakulär aus wie viele andere Dörfer mitten in der flach-hügeligen Umgebung auch. Entlang der Durchzugsstraße sind mehrere Winzer zu Hause, die aufgrund ihres vergorenen Traubensaftes über die Gemeindegrenzen hinaus bekannt sind. Erst auf den zweiten Blick lässt sich erahnen, dass Herrnbaumgarten im Bezirk Mistelbach alles andere als ein normaler Weinbauort ist. Ein ganzer Schilderwald begrüßt die Ankömmlinge gleich direkt nach der Ortstafel. Der Ortsname steht jeweils in unterschiedlichen Sprachen geschrieben. Der Gedanke dahinter ist leicht erklärt. „Wir wollten vor ein paar Jahren ein Zeichen setzen. Und zwar in Anlehnung an den Ortstafelstreit in Kärnten", sagt Fritz Gall, einer der Hauptprotagonisten in der 1.000 Einwohner zählenden Ortschaft und Gründer des „Nonseum", in dem, wie der Name schon sagt, nur „Unsinn" zu finden ist.

Der Kunstakademiker hat sich gemeinsam mit Gottfried Umschaid, ortsansässiger Winzer und „Querdenker", schon viele Aktionen erlaubt, die kurios, schräg und auffällig waren. Was auch dazu führte, dass ein früherer Bürgermeister sogar Angst um das Ansehen seines Winzerortes hatte.

Beispiele gefällig? Vor 20 Jahren organisierten die Herren die „1. Österreichische Nonsens-Erfindermesse". Eines der auffälligsten Ausstellungsstücke war der tragbare Zebrastreifen, den man quer über die Fahrbahn rollen sollte, um die Straßenseite gefahrlos wechseln zu können. Auf dem „Beipackzettel" stand die klingende Beschreibung: „Transzebra – Portable Sicherheit zum Ausrollen". Auch als das örtliche Postamt für immer seine Pforten schließen musste, gab es eine findige Idee. Die Bewohner wurden dazu animiert, „Flaschenpostämter" zu eröffnen. Und tatsächlich entstanden in den Winzerhöfen insgesamt 26 offiziell registrierte Stellen, die noch immer vor allem eine Aufgabe erfüllen, nämlich den Empfänger mit einer Flasche Wein zu beglücken. Wer mit erfreulichen Gesten wenig bis gar nichts am Hut hat, war vor zwei Jahren zum ersten Mal eingeladen, beim „Wanderweg der Pessimisten" teilzunehmen. Dabei waren nicht nur Trauermärsche zu hören. Die Teilnehmer wurden auch beim Zwiebelschneiden für ihre Tränenintensität bewertet. Hobby-Künstler kreierten beim „Schwarzmalen" (mit schwarzer Farbe auf weißer Leinwand) mehrere eintönige Meisterwerke. Zu den regelmäßigen Höhepunkten im Ort gehört darüber hinaus auch das „24-Stunden-Weinbergschneckenrennen".

Allein an diesen Beispielen ist erkennbar, dass Herrnbaumgarten anders tickt. Was die einen vielleicht als Schwachsinn auffassen, bezeichnen Gall und Umschaid als „geistige Rösslsprünge auf hohem Niveau". Weil für beide ein professioneller Zugang höchste Priorität hat, findet nicht jede Aktion oder jede Erfindung, die kurios, schräg oder ausgefallen ist, auch automatisch einen Platz in Herrnbaumgarten. „Es muss schon ein Sinn hinter dem Unsinn erkennbar sein, um bei uns eine Daseinsberechtigung zu haben", sagt Gall. Motive, warum er skurril denkt und Kurioses schafft, liegen auf einer ganz anderen Gehirnwindung versteckt. „Wir haben einfach Spaß daran, alltägliche Dinge auf den Kopf zu stellen und unsere Kreativität hochzukitzeln", erklärt der Kunstakademiker. Besonders reizvoll sei zu hinterfragen, ob Dinge nützlich oder einfach nur unbrauchbar seien. Mittlerweile ist Gall nicht nur künstlerischer Leiter im Vorstand des „Vereins zur Verwertung von Gedankenüberschuss", sondern auch Motor des „Nonseum". In mehreren Räumen sind unzählige Erfindungen zu entdecken, „die wir auch nicht brauchen", lautet einer der vielen Leitsprüche.

Angefangen hat der sinnvolle Unsinn vor genau drei Jahrzehnten, als fünf Männer aus Herrnbaumgarten (darunter auch Gall und Umschaid) in einem Lokal beobachteten, wie eine vife Kellnerin ein mit Gulasch bekleckertes Tischtuch einfach umgedreht und wiederverwendet hatte. Sie staunten und waren sich bald einig, dass es sinnvoll wäre, ein dreidimensionales, würfelförmiges Tischtuch zu erzeugen, um es sechsmal verwenden zu können, bevor es in der Waschmaschine landet. Diese grundlegende Idee war der Anfang einer schrägen und kuriosen Zukunft in Herrnbaumgarten. Die „1. Österreichische Nonsens-Erfindermesse" lockte 1984 nicht „37 Gäste", mit denen das Messekomitee gerechnet hatte, sondern mehr als 5.000 Besucher an. Die gaben gleich Anlass dazu, ein Jahr später schon wieder „die letzte Österreichische Nonsens-Erfindermesse" zu veranstalten. „Wir sind bereits zu einer Art Institution für Innovation, Abteilung Nonsens, geworden. Neue Ideen erheben sich wie bunte Drachen, Unsinniges verdichtet sich zur Angreifbarkeit. Damit das aber nicht eskaliert, haben wir beschlossen, die zweite Messe zur endgültigen zu machen", argumentierten die Erfinder. Aber

keine Sorge. Gall, Umschaid & Co. haben nicht aufgehört, ihre
überschüssigen Gedanken in den Weiten ihrer Gehirne versteckt und ungenützt zu halten. Ganz im Gegenteil. Ihre
Erfindungen und Aktionen „made in Herrnbaumgarten"
besitzen seit 1991 eine feste Grundlage in Form eines offiziell
registrierten Vereins. Seitdem geben die Statuten erstmals
schwarz auf weiß darüber Auskunft, was die „Gedankenüber-
schüssler", wie sie sich selbst nennen, mit all ihrem Tun bezwe-
cken wollen: „… irgendwie, irgendwann und irgendwo wollen
wir auch dem letzten Österreicher (Weltbewohner) ein Lächeln
entlocken." Ungefähr 750 mehr oder weniger aktive Mitglieder
zahlen einen indexgesicherten Jahresbeitrag von 1,11 Euro,
um Teil einer „Ideenbörse für schräge, unausgereifte, wahn-
witzige, unterschätzte und skurrile Gedankengänge zu sein".
Aktionen wie „Verkosten des Bezirksgerichts", „Für'n Hugo –

die Kunst des Scheiterns", „Schmiergeldaktion" oder die „rot-weiß-rot gefärbte Nationalbank – ein architektonisches Bausparmöbel" sind genauso der Ideenbörse entsprungen wie unzählige Erfindungen auch. Dazu gehören Exponate wie etwa eine „Schafzählmaschine", ein „FKK-Koffer", eine „13-Stunden-mehr-Zeit-Uhr", der „Anonymitätsbalken", ein „Osterhasen-Adventskalender" oder der „Staubsauger für Fußbetrieb", die „Voyeurbrille mit Schlüssellochoptik", ein „Halbglatzenkamm", das „Essen auf Rädern für die Kleinsten", ein „Selbstgesprächstelefon", eine „Spaghettigabel", ein „Rationell-Korkenzieher" oder „Diätgeschirr mit Diätbesteck". Insgesamt „427,5 genial unbrauchbare Erfindungen" füllen im Moment das 700 Quadratmeter große „Nonseum", das im Ortszentrum seinen Platz hat. Und es werden immer mehr. Es hat schon einen Grund, warum kurz nach der Eröffnung des 350 Quadratmeter großen Zubaus Mitte 2012 schon wieder Platznot herrschte. „Unser Erfindergeist ist riesengroß und ständig gefordert. Wir produzieren aber keine Plagiate, sondern nur selbst entwickelte und ästhetische Einzelstücke", sagt Gall. Wer das „Nonseum" betritt, kann aus der Ferne kaum ungewöhnliche Produkte erkennen. Erst wer nähertritt, sieht das Besondere. Man braucht schon genügend Zeit, um die Exponate auf sich wirken zu lassen. Erst dann spielen sich die ungewöhnlichen Funktionen jedes einzelnen Ausstellungsstücks in den Vordergrund. Um Orientierung zu geben, ist das „Nonseum" in verschiedene Zeitzonen beziehungsweise Wohnräume unterteilt, in denen die Exponate richtig in Szene gesetzt sind. In der „Küche" finden die Besucher beispielsweise eine Holzschachtel, in der nicht nur Reis, sondern auch Nägel aufbewahrt sind – also „Reisnägel". Gleich dahinter geben ein Spiegel und ein Ei ein Worträtsel auf. Richtig. Spiegelei. Um

Töne besser treffen zu können, gibt es im „Salon" auch eine Trompete mit aufgestecktem Fadenkreuz zu entdecken. Und wer an eine funktionierende Dreierbeziehung glaubt, kann zusammengeschweißte Ringe bewundern. Wer also Herrnbaumgarten – die „verruckte" Ortschaft – besuchen will, soll sich laut Empfehlung des Museumsbetreibers mindestens zwei

Stunden Zeit nehmen, um die geprüften „Nonseum-Klassiker" und viele weitere Besonderheiten des Dorfes stressfrei zu entdecken. Das „Nonseum" ist jedes Jahr von Palmsonntag bis Allerheiligen geöffnet. Wer auch zu Hause Nonsens genießen will, kann sich dort den „Nonseum"-Jahreskalender mit alphabetisch gereihten Monatsblättern kaufen.

Nonseum
Poysbrunner Straße 9
2171 Herrnbaumgarten
www.nonseum.at

Rostige Ehrung
für die Piefke

In Österreich nicht besonders positiv und freundschaftlich gemeint ist die Bezeichnung „Piefke" für die nördlichen Nachbarn. Mit diesem abwertenden Begriff werden hierzulande vor allem Deutsche jenseits des „Weißwurstäquators" bezeichnet, die Bayern ausgenommen. Entstanden dürfte das heutige Schmähwort im Zuge der für das kaiserliche Österreich ganz und gar nicht erfolgreichen Schlacht von Königgrätz 1866 gegen Preußen sein. Ausgerechnet in Gänserndorf im niederösterreichischen Weinviertel, wo der Militärmusiker und Namensgeber Johann Wolfgang Piefke anlässlich der großen Siegesparade der Preußen mit 60.000 Soldaten ein Musikkorps dirigierte, wurde 2009 das weltweit erste und bislang einzige Piefke-Denkmal enthüllt.

Im Zusammenhang mit dem Piefke-Denkmal stellen sich drei zentrale Fragen: Warum überhaupt? Warum hier? Und warum in dieser Form? Scheint der Piefke an sich doch nicht gerade das Paradebeispiel dafür zu sein, was in Österreich mit einem Denkmal gewürdigt wird. Das Wort „Piefke" gehört übrigens zur Gruppe der Ethnophaulismen, abwertende Fremdbezeichnungen für Volksgruppen. Sozusagen auf der Gegenseite gibt es in Deutschland den „Ösi". Die schwierigen nachbarschaftlichen Beziehungen sind übrigens treffend in der TV-Reihe „Piefke-Saga" von Felix Mitterer charakterisiert. Aber zurück zur zentralen Sinnfrage bezüglich des Denkmals im Weinviertel. Die beantwortet der Künstler Christoph Theiler, der das 2,9 Meter hohe Monument konzipierte: „Das Kulturmanöver ‚Piefke in Gänserndorf' dreht in spielerischer

Weise am Kulturverständnis der verfreundeten Nachbarn Österreich und Deutschland."

Der Ausdruck „Piefke" ist wohl jedem bekannt, doch nur wenige wissen, woher er wirklich kommt. Wie bereits erwähnt, war Johann Gottfried Piefke Militärmusiker der preußischen Armee und leitete deren musikalische Begleitung. An der Siegesparade nach der Königgrätz-Schlacht nahmen an die 60.000 Soldaten teil, solche Menschenmengen kennen wir heute vor allem im Zusammenhang mit richtig großen Musikacts, erklärt der Urheber des Denkmals. Theiler sieht diese Siegesparade also als eine Art Popkonzert der damaligen Zeit. Obwohl der Name im gesamten deutschsprachigen Raum im allgemeinen Gebrauch ist, sind die künstlerischen Leistungen von Piefke nur noch wenigen bekannt. Das sollte geändert werden. Um den Musiker mit dem berühmten Namen zu ehren, wurde deshalb das erste und einzige Piefke-Denkmal der Welt errichtet.

Warum gerade Gänserndorf Standort wurde, ist schnell erzählt. Dort ganz in der Nähe, im Marchfeld, wurde am 31. Juli 1866 die riesige Siegesparade anlässlich des preußischen Triumphs durchgeführt. Johann Gottfried Piefke war mit dabei. Und mit ihm auch sein ebenfalls dirigierender Bruder Rudolf. Beide bereits so bekannt, dass den Musikern der Ruf „Die Piefkes kommen" vorauseilte. Im musikalischen Gepäck hatte man den von Johann Gottfried Piefke komponierten „Königgrätzer Marsch". Der sollte ursprünglich auf der Wiener Ringstraße erklingen, aber weil Otto von Bismarck die Österreicher nicht allzu sehr demütigen wollte, wich man schließlich auf das Marchfeld aus. Den musikalischen Aspekt des historischen Ereignisses nahm Christoph Theiler auf. Für das Projekt „Piefke in Gänserndorf", das Teil des Viertelfestivals Niederösterreich war, rief Theiler zur Komposition von zweiminütigen Werken für die ungewöhnliche Besetzung Oboe, Flügelhorn und Glockenspiel auf. 14 Musikerinnen und Musiker von Berlin bis Budapest beteiligten sich. Alle Werke wurden dann am 9. September 2009 in Gänserndorf anlässlich der Enthüllung des Denkmals uraufgeführt.

Und schließlich zur dritten Frage. Warum besteht ein Denkmal für den oder die Piefke aus einer rostigen Metallscheibe? Dazu konkretisiert der Künstler lapidar: „Popmusiker bekommen goldene Schallplatten, Militärmusiker rostige." Jener Bestandteil der 2,90 Meter großen Skulptur in Form einer runden Scheibe soll eben eine Schallplatte symbolisieren. Beim Bewegen des Elements entsteht ein leises Kratzgeräusch, das entfernt an ein Grammofon erinnern soll. Entfernt.

Gefertigt ist das Denkmal aus Kortenstahl, der die schöne Eigenschaft hat, innerhalb kurzer Zeit an der Oberfläche stark zu verrosten. Die Rostschicht stellt dann einen wirksamen Schutz dar und macht das Denkmal widerstandsfähig gegen Wind und Wetter. So sollen das Denkmal und der Piefke den Gänserndorfern lange erhalten bleiben. Zu finden ist es am Platz vor der Stadtbücherei.

Piefke-Denkmal
Bahnstraße 34
2230 Gänserndorf
www.piefkedenkmal.at

Die Totenköpfe des Doktor Gall

Was wie der Titel eines drittklassigen Horrorfilms klingt, hat einen seriösen, wenn auch recht skurrilen Hintergrund: Im 18. Jahrhundert untersuchte und sammelte ein österreichischer Arzt menschliche Schädel. An der Kopfform könne man auf den Charakter des Trägers schließen. Mehr als 300 Schädel soll die Sammlung umfasst haben. In der schönen Kur- und Biedermeierstadt Baden bei Wien ist dem Wirken des Doktor Franz Joseph Gall ein Teil des örtlichen Museums gewidmet – mit einer außergewöhnlichen Ausstellung von Totenschädeln.

Die „Schädellehre" von Doktor Gall mag heute noch so skurril und abwegig klingen, im späten 18. Jahrhundert war es eine sehr populäre „Wissenschaft". Der 1758 in Tiefenbrunn bei Pforzheim geborene Gall übersiedelt 1781 nach Wien, wo er bis 1785 erfolgreich Medizin studiert. Schon während seines Studiums versucht Gall, Parallelen zwischen den Eigenschaften eines Menschen und seinem Aussehen herzustellen. Es fällt ihm nämlich auf, dass manche Studenten sich besonders gut und rasch die lateinischen Ausdrücke merken können. Und zwar jene mit großen, vorquellenden Augen. Gall folgert, dass diese Kollegen vielleicht ein besonders großes Lernzentrum im Gehirn hätten, das die Augen nach außen drückt. Der Gedanke lässt Gall nicht mehr los. Als sich seine Praxis in Wien immer besser entwickelt, konzentriert er sich auf seine Forschungen zum menschlichen Gehirn. Er untersucht und vermisst die Schädel von lebenden Studienobjekten und stellt etwa fest, „dass alle Stänkerer unmittelbar hinter und im Niveau der

Ohren den Kopf viel breiter hatten als die Feiglinge". Der junge Mediziner obduziert aber auch Leichen und untersucht Totenschädel und Gehirne. Dabei faszinieren ihn vor allem auffällige Zeitgenossen – Verbrecher, Irre, Besessene. Und er versucht ob der Schädelform der Menschen herauszufinden, warum sie so sind und nicht anders. So sammelt er im Lauf der Zeit rund 300 Schädel, dazu kommen noch Totenmasken und Modelle aus Wachs und Gips.

Die Sammelleidenschaft des Arztes bleibt nicht geheim, ganz im Gegenteil. Um an die Köpfe von Verbrechern zu kommen, unterstützt ihn sogar der Polizeiminister Graf Saurau. Viele Wiener fürchten sogar, selbst einmal als Schaustück in der Sammlung des Doktor Gall zu enden. Manche treffen im Testament Vorkehrungen dagegen. Schließlich ortet Gall 27 „Organe" im menschlichen Gehirn, die für alle möglichen Eigenschaften zuständig sein sollen. Der Sinn für Zahlen finde sich etwa bei der Augenhöhle, die Anhänglichkeit hingegen positioniert er im Hinterkopf, der deshalb bei Frauen oft länger sei. 1796 hat er seine Schädellehre so weit entwickelt, dass er Privatvorlesungen darüber hält.

Die Schädellehre findet viele Anhänger, aber auch viele Kritiker. Und so findet er den Spruch „Hier lehrt, ein leerer Schädel, leere Schädel, Schädellehre" an die Tür seines Hörsaales gekritzelt. Allerdings stößt die Lehre auch in kirchlichen Kreisen nicht auf Begeisterung. Kaiser Franz II. verbietet Ende 1801 die Verbreitung der Lehre in Wien. Damit ist der Wissenschaftler jedoch nicht am Ende. Ganz im Gegenteil. Die Ächtung macht ihn geradezu berühmt. Weil er keine Aufhebung des Lehrverbotes erreichen kann, geht Gall 1805 auf Tournee, die ihn durch Dutzende Städte in Deutschland führt. Mit auf die Reise gehen ein Assistent, ein Diener, zwei Affen und ein

großer Teil seiner Schädelsammlung. An Neugierde und Zulauf mangelt es nicht. Doktor Gall wird eine Berühmtheit, sogar der König von Preußen lässt sich die Schädellehre vorführen.

1807 kommt Gall nach Paris, wo er bis zu seinem Tod am 22. August 1828 auch lebt. Sein Kopf kommt übrigens nicht ins Grab, sondern wird abgetrennt und endet als Teil der Sammlung. Im Musée de l'Homme in Paris ist er heute noch zu sehen.

Jener Teil seiner Sammlung, den er nicht auf Tournee mitnehmen konnte, vermacht Gall dem Badener Wundarzt Anton Rollett. Und deshalb kann sie heute im Badener Rollettmuseum auch besichtigt werden. 84 menschliche Schädel sind zu finden, dazu kommen fünf Abgüsse von Totenköpfen, drei Tierschädel, 108 Gipsbüsten, 21 Wachsmodelle von Gehirnen, 31 Gesichtsmasken, acht Abgüsse menschlicher Hände und Füße sowie ein Abguss einer Schädeldecke. Die berühmtesten Stücke sind die Büste des „fürstlichen Mohren" Angelo Soliman, eine Büste von Mozart (die einzige, die zu Lebzeiten des Musikers entstanden ist), eine Maske Napoleons I. (die einzige erhaltene) sowie der Abguss der Schädeldecke von Ferdinand Raimund. Später kamen noch die Totenmasken des Thronfolgers Franz Ferdinand und seiner Gattin Sophie ins Museum. Denn der mit der Abnahme der Totenmasken nach dem Attentat von 1914 beauftragte Bildhauer Josef Müllner war Badener.

Das Badener Rollettmuseum wurde bereits 1810 gegründet, ist damit das älteste Museum Niederösterreichs und hat auch sonst einiges zu bieten. Eine ägyptische Mumie zum Beispiel.

Rollettmuseum Baden
Weikersdorfer Platz 1
2500 Baden
www.baden.at

Das Hightech-Kloster

Kirchentüren, die sich nur mit Fingerabdruck öffnen lassen oder wie durch Geisterhand aufschwingen, sobald man sich nähert. Kameraaugen, die zwischen barocken Stuckelementen hervorschauen sowie Reliquien, die von kaum sichtbaren Minileuchten ins rechte Licht gerückt werden. Oder auch der virtuelle Besuch einer Messe via Internet. Das Kloster der Franziskaner in Maria Enzersdorf im Bezirk Mödling ist anders als alle anderen. Trotz der großen und altehrwürdigen Tradition als Wallfahrtsort hat hier modernste Technik auf einzigartige Weise Einzug gehalten.

Dass über die Gläubigen und vor allem über die weniger Gläubigen nicht nur der Heilige Geist, sondern auch Videokameras wachen, dafür war eine Einbruchserie in die Kirche vor einigen Jahren verantwortlich. „Unter den Besuchern unserer Kirche gibt es nicht nur Beter, sondern leider auch Sünder", sagt dazu Franziskanerpater Thomas Lackner. Diebe, die einige Münzen aus dem Opferstock „fischten", gehörten noch zu den erträglicheren Plagen. Dann wurden aber auch zwei Barockengel im Wert mehrerer Tausend Euro gestohlen. Da traf es sich gut, dass eine örtliche Bank ihre Überwachungsanlage austauschte und der Pfarre die alten Kameras zur Verfügung stellte. Seitdem wachen die Kameras mit unbestechlichem Blick über die Kirche. Schon kurz nach der Installation, im Dezember 2009, haben auf Festplatte gespeicherte Aufnahmen zur Überführung eines 17-jährigen Opferstockdiebes geführt. Das Ganze ist mit der Datenschutzkommission abgesprochen: Lediglich im Fall eines Diebstahls gehen die entsprechenden Bilder an die Polizei, „unverdächtige" Aufnahmen werden wieder gelöscht und natürlich wird auch nicht kontrolliert, wer sich wann in der Kirche aufhält und betet.

Die Videoüberwachung wie auch der Umstand, dass Gläubige die Kirchentüren mit ihrem Fingerabdruck öffnen können, ist in Österreich einzigartig – kein Wunder, sondern modernste Technik. Die Türen sind mit Fingerprint-Sensoren ausgestattet und öffnen sich Auserwählten durch eine kurze Berührung mit der Fingerspitze. Hintergrund: Man wollte die Kirche Gläubigen rund um die Uhr zugänglich machen und gleichzeitig unerwünschte (und diebische) Besucher in den ruhigen Nachtstunden draußen halten. Wenn man zum Kreis der Auserwählten zählen will, reicht eine einmalige Registrierung samt digitaler Abnahme des Fingerabdrucks. Im Inneren der Wallfahrtskirche sind die Türen ebenfalls mit einer technischen Besonderheit ausgestattet: mit Bewegungssensoren und Elektromotoren. Nähert sich ein Kirchenbesucher, öffnen die Türen automatisch und schließen sich danach auch wieder. Gedacht ist das als Service für Rollstuhlfahrer oder Mütter mit Kinderwagen.

Damit der technischen Wunder noch nicht genug. Die Kirche ist mit einem modernen Beleuchtungskonzept ausgestattet, das dem Besucher besonders gut ausgeleuchtete Kirchenräume und Seitenaltäre beschert sowie gläserne Reliquienschreine, die innen mit winzigen LED-Leuchten versehen sind, was beste Sichtbarkeit der Heiligkeiten und Unsichtbarkeit der Leuchtkörper mit sich bringt. Die Technik entspricht übrigens der von Schmuckvitrinen. Die Wallfahrtskirche kann – dank der Technik – sogar besucht werden, wenn man gar nicht vor Ort ist. Die Homepage bietet nämlich einen virtuellen Klosterbesuch an, bei dem man per Mausklick durch den Kirchenraum fliegen, Malereien an der Decke aus der Nähe betrachten und hinter den Altar blicken kann. Auch der Klostergarten oder der Klosterladen sind dabei. Und schließlich kommt ein guter Teil der benötigten Energie auch noch von der eigenen Fotovoltaik-Anlage.

Neben allem technischen Schnickschnack ist das Kloster Maria Enzersdorf auch an sich einen Besuch wert. Es handelt sich um das älteste Franziskanerkonvent in Niederösterreich, die Gründung im Jahr 1454 geht auf den Franziskanerpater Johannes von Capistran zurück. Nach der Zerstörung durch die Türken wurde das Kloster aus Mangel an Ordensleuten aufgegeben und erst 1632 kamen die Franziskaner zurück. Am 8. Dezember 1730 wurde die Gnadenstatue „Maria, Heil der Kranken" feierlich in der Kirche aufgestellt, was den Ort zur beliebten Wallfahrtskirche machte.

Um gleich beim Thema und in der Region zu bleiben: Nur einige Kilometer entfernt lohnt sich auch ein Besuch des Stiftes Heiligenkreuz im Bezirk Baden, das schon im Jahr 1133 vom heiligen Leopold gegründet wurde und seitdem, also seit 880 Jahren, ohne Unterbrechung besteht. Was die Zisterzienserabtei darüber hinaus einzigartig macht, ist die Musikalität seiner Mönche. Die machte sie 2008 weltweit berühmt, als die CD „Chant – Music for Paradise" mit Gregorianischem Choral erschien. International platzierte sich das Werk in den Hitparaden und führte sogar die Billboard Charts in den USA an. Weit mehr als eine Million Stück wurden verkauft. Weitere erfolgreiche CD-Produktionen folgten. Die Gregorianischen Choräle kann man auch live erleben, und zwar beim täglichen Chorgebet der Mönche. Informationen dazu und zur 880-jährigen Geschichte des Stiftes gibt es online.

Kloster Maria Enzersdorf
Hauptstraße 5
2344 Maria Enzersdorf
www.franziskaner.at/mariaenzersdorf

Stift Heiligenkreuz
2532 Heiligenkreuz
www.stift-heiligenkreuz.org

Die blaue Seekuh
im Fischerlteich

„Was soll denn das sein?" – ein Gedanke, der Besuchern der
niederösterreichischen Kurstadt Bad Vöslau schon öfters durch
den Kopf geschossen sein dürfte, wenn sie bei einem Spaziergang am zentralen Badplatz eine Begegnung der zwar nicht
vierten, aber doch sehr ungewöhnlichen Art hatten. Erhebt
sich in einem kleinen Teich, gelegen zwischen dem historischen
Thermalbad und der ebenfalls historischen Villa Pereira (mit
dem gemütlichen Café Thermal) doch die vier Meter hohe
blaue Skulptur einer Seekuh, die auf den Namen „Linda" hört
und zugleich die älteste bekannte Bad Vöslauerin und das
jüngste Wahrzeichen der Stadt ist.

Genauer gesagt handelt es sich um die Nachbildung einer
tierischen Ur-Vöslauerin, die vor 15 Millionen Jahren eben dort
durch ein tropisches Meer schwamm, wo heute der Bad Vöslauer
Stadtteil Gainfarn liegt. In der Gegend mit Feldern und Weingärten, die quasi als Reminiszenz an die wässrige Vergangenheit
„Gainfarner Bucht" heißt, machte der Hobbypaläontologe Gerhard Wanzenböck 2006 den Fund seines Lebens. An sich wollte
man die etwas verbesserungswürdige Fossiliensammlung des
Stadtmuseums mit versteinerten Muscheln und Kleintieren
aufbessern. Doch schon nach kurzen Grabungsarbeiten entdeckte Wanzenböck eine „verdächtige" Rippe. Man war auf das
nahezu komplette Skelett einer Seekuh gestoßen, die bald nach
dem Fundort am Lindenberg den Namen „Linda" erhielt.

„Vereinzelte Rippen werden relativ häufig gefunden. Ganze
Skelette stellen jedoch eine ausgesprochene Rarität dar. Ähnliche

Funde dieser Art wurden nur 1867 aus Hainburg und 1928 aus St. Margarethen beschrieben", freut sich Wanzenböck. Dass in der Urzeit hier Seekühe waren, die es heutzutage noch in den Tropen gibt, liegt am damals warmen Klima. Linda wurde vollständig ausgegraben und an der Universität Wien aufwendig präpariert. Nach drei Jahren kehrte sie wieder nach Bad Vöslau zurück, wo ihre Knochen der „Star" des Bad Vöslauer Stadtmuseums sind. Anhand von Linda wird dem Besucher vermittelt, wie es hier aussah, als Bad Vöslau noch am Meeresstrang lag.

Als Bad Vöslau 2010 Austragungsort des niederösterreichischen Gartenfestivals war, wurde Linda zum öffentlichen Sympathieträger. Der Künstler Christian Feichtinger machte sich ans Werk, im Frühjahr 2010 schwebte die 400 Kilogramm schwere Rekonstruktion von Linda mittels Kranwagen in den Fischerlteich vor dem Café Thermal und speit seitdem eine kleine Wasserfontäne. Trotz des humoristischen Ansatzes bemühte man sich um eine realistische Darstellung, nur die im Original wahrscheinlich graue Farbe wurde aus optischen Gründen in ein freundliches Blau geändert. Seitdem hat sich Linda zum Wahrzeichen und beliebten Fotomotiv entwickelt.

Nur wenige Schritte entfernt wartet die nächste Einzigartigkeit – wieder tierischer Natur, nur geht es diesmal nicht um ein großes, sondern um besonders kleine Lebewesen. Wieder führt die Reise Millionen Jahre in die Vergangenheit zu echten Urzeit-Wesen.

Bei der zoologischen Sensation handelt es sich um drei winzige Schneckenarten. Im Konkreten heißen sie Quellenschnecke, Thermal-Schwimmschnecke und Kronen-Schnecke. Sie werden einen halben bis 15 Millimeter lang und sehen für den Laien aus – eben wie ganz normale Schnecken. Die Besonderheit ist, dass es diese Schneckenarten weltweit (fast) nur hier

gibt, im Naturdenkmal Hörm- oder Hirmbach, der nach der früheren Bäckerei Hansy auch „Hansybach" genannt wird. Durch eine Thermalquelle hat der kleine Bach das ganze Jahr über eine gleichbleibende Temperatur von 24 Grad, ideal für die kleinen Schnecken, die es in dieser Form schon vor Millionen Jahren gab. Anderswo machten die Eiszeiten den Schnecken den Garaus, im warmen Vöslauer Thermalwasser überlebten sie seitdem alle Widrigkeiten. Und sind geschützt. Ein Pavillon gibt dem Besucher zusätzliche Informationen.

Sowohl die „blaue Linda" im Fischerlteich als auch der Schnecken-Pavillon beim Hansybach sind frei zugänglich. Hintergrundwissen vermittelt das Stadtmuseum.

Stadtmuseum Bad Vöslau
Kirchenplatz 8
2540 Bad Vöslau
www.stadtmuseumbadvoeslau.at

Schulische Zeitreise durch die Stilepochen

Eines kann man den Schülern der Volks- und Hauptschule Berndorf im Bezirk Baden in Niederösterreich ganz und gar nicht vorwerfen: dass sie keinen Stil hätten. Denn die Kinder genießen ihren Unterricht in einer weltweit einzigartigen Umgebung. In Klassen, deren Ausgestaltung den verschiedensten Stilen der Kunstgeschichte von der Antike bis ins 19. Jahrhundert entspricht – den weltweit einzigartigen Berndorfer Stilklassen.

Schreiben lernen unter den strengen Blicken des ägyptischen Sonnengottes Re oder eine Schularbeit im Ambiente des Rokoko schreiben – in Berndorf kein Problem und für ganze Generationen von Schülern sogar Alltag. Die beiden schon von außen sehr hübschen Schulgebäude stehen auf einem schön gelegenen Platz oberhalb der Stadt symmetrisch zu beiden Seiten der Margaretenkirche. Ihre wahre Schönheit und Einzigartigkeit offenbaren die beiden Schulen aber erst bei einem Besuch ihres Inneren. Elf beziehungsweise zwölf Klassenzimmer sind farbenprächtig in verschiedenen Baustilen ausgestattet.

Der Urheber der ungewöhnlichen Pracht, dessen Familienname untrennbar mit der Geschichte Berndorfs verbunden ist, heißt Arthur Krupp. 1843 wurde von Alexander Schoeller und Alfred Krupp die Berndorfer Metallwarenfabrik gegründet. Ein Jahr später wurde Hermann Krupp, der Bruder von

Alfred (und Vater von Arthur) als technischer Leiter in das Unternehmen berufen. Schon damals wurde Tafelbesteck gefertigt, das auch heute noch das wohl berühmteste Produkt der „Berndorfer" ist. Waren es anfangs 50 Mitarbeiter, so arbeiteten um die Jahrhundertwende, als Arthur Krupp bereits für die Fabrik verantwortlich war, rund 4.000 Menschen hier.

Unter dem Wahlspruch „Arbeit, Bildung und Friede" wuchs das kleine Dorf enorm. Hatte es zur Gründung der Fabrik nicht mehr als 350 Einwohner, so waren es 1910 mehr als 12.000. Die Infrastruktur musste mitwachsen und Krupp mischte auch da kräftig mit. 1908 bis 1909 wurden die beiden Schulen (eine für die Mädchen und eine für die Buben) neben der Margaretenkirche (die auch von Krupp finanziert wurde) erbaut. Die beiden Architekten Hans Peschl und Max Hegele wurden mit dem Bau beauftragt, die Innenausstattung übernahmen die akademischen Maler Franz Wilhelm Ladewig und Robert Jüttner. Die Gestaltung jedes Lehrzimmers in einem anderen klassischen Baustil veranlasste auch Krupp. Angeblich wollte der Fabrikherr den Arbeiterkindern geschichtliches Wissen anschaulicher vermitteln. In der Festschrift anlässlich der Eröffnung ist dazu zu lesen: „Kunst und Kunstgefühl sollen bereits im Kinde geweckt, das Auge an das Schöne gewöhnt, der Geschmack an den reinsten Formen der Kunst aller Zeiten gebildet werden." Für die Zeit revolutionär war auch die übrige Ausstattung: Wärme kam aus der Zentralheizung, Duschen waren der reine Luxus und eine Zahnärztin (kostenlose Behandlung) wurde auch von Krupp bezahlt. Der Zahnarztstuhl ist heute im Stadtmuseum zu besichtigen. Natürlich gab es aber auch Kritik: Dass nämlich die Kinder durch die Malereien zu sehr vom Unterricht abgelenkt würden.

Die Zeitreise durch die Kunstgeschichte beginnt mit den ägyptischen Lehrzimmern. Tür und Umrahmung sind genaue Nachbildungen von Scheintüren altägyptischer Grabkammern. Für den heutigen Geschmack kurios ist auch, dass im Zimmer für die Buben kriegerische Motive zu sehen sind, die Mädchen hingegen mit Szenen aus der Feld- und Hausarbeit erfreut werden. Ähnlich detailgetreu ist auch das dorische Lehrzimmer ausgestattet. Die Tür ist eine Nachbildung des Tores zum Turm von Mykene. Lehrertisch und -sessel haben dorische Säulen. Nach einem Entwurf von Theophil Hansen ist das pompejanische Lehrzimmer gestaltet, mit Dekorationen im Stil der 79 nach Christus vom Vulkan Vesuv zerstörten römischen Stadt. In das arabische Spanien des Mittelalters führt das prächtige maurische Lehrzimmer mit einer Nachbildung des „Goldenen Tores" von Cordoba. Die Tür ist mit einem Gebetsteppich bespannt. Weitere Klassenzimmer sind im Stil des mittelalterlichen Byzanz, der Romanik, der Gotik und der Renaissance erbaut. Vorbild für das Lehrzimmer im Stil von Ludwig XIV. war natürlich das berühmte Schloss Versailles, für die Klasse im Barockstil wurden Anleihen im Schloss Belvedere in Wien gesucht und gefunden. Vorbild für das Empire-Lehrzimmer war das Palais Modena in Wien, und das Rokokozimmer wurde einem Raum im Schloss Schönbrunn nachgebildet. Letzteres ist übrigens eine Rarität, weil es nur in der Volksschule vorhanden ist. Sonst gibt es jeweils einen „Zwilling" in der Hauptschule.

Groß gefeiert wurde der 100. Geburtstag am 9. Mai 2009, sogar Bundespräsident Heinz Fischer samt Gattin waren angereist. Obwohl in den Klassen regulärer Unterricht stattfindet, können sie auch besichtigt werden. Und zwar an den

Nachmittagen von Unterrichtstagen sowie an Sonntagen und
in den Ferien auch vormittags.

Berndorfer Stilklassen
Margaretenplatz 5
2560 Berndorf
www.berndorf-online.at

Falco lebt

Johann „Hans" Hölzel (1957–1998), der seit 1979 besser als „Falco" bekannt ist, lebte ein Leben, das sich immer auf der Überholspur befand. Der grenzgeniale Popmusiker aus Wien produzierte mehrere Nummer-Eins-Hits, erlangte Weltruhm und musste sowohl berufliche als auch private Niederlagen einstecken, von denen er sich kaum erholte – beispielsweise als er nach einem Vaterschaftstest erfuhr, nicht der Papa „seiner einzigen Tochter" zu sein. Er polarisierte, provozierte bei Fernsehauftritten und starb beinahe so, wie er es öfters angesprochen hatte – und zwar wie James Dean, der bei einem Verkehrsunfall mit seinem Sportwagen ums Leben kam. Als sich Falco mitten in der Produktion zu seiner CD „Out of the Dark" befand, kollidierte er am 6. Februar 1998 in Puerto Plata in der Dominikanischen Republik (er hatte 1,5 Promille Alkohol, große Mengen Kokain und Marihuana im Blut) mit einem Reisebus und erlitt tödliche Verletzungen. Nicht nur in seiner Heimat Österreich saß der Schock tief, auch weltweit war Trauer spürbar. Schließlich war Falco der bisher einzige deutschsprachige Musiker, der im Jahr 1986 mit seinem Hit „Rock me Amadeus" mehrere Wochen die Spitze der US-amerikanischen Billboard-Charts angeführt hatte. Zu Lebzeiten gelang es dem Wiener, mehr als 60 Millionen Tonträger zu verkaufen.

Auch 16 Jahre nach seinem Tod bleibt er eine musikalische Legende, die von vielen Fans verehrt wird. Das erste und einzige Denkmal (mit deutschen Wurzeln) steht jedoch nicht in der österreichischen Bundeshauptstadt, was für einen gebürtigen Wiener eigentlich naheliegend wäre, sondern aus gutem Grund im Waldviertel. Seine Statue ist längst eine stark frequentierte Pilgerstätte, die Falco fast unsterblich macht.

Unsterblich? „Ich hatte vor einiger Zeit das Glück, auch seine Villa in Gars zu besuchen. Überall liegen noch seine Manuskripte und Bühnenoutfits herum. Man wird das Gefühl nicht los, Falco wäre nur vorübergehend auf Tournee und würde bald wieder zurückkommen", sagt Martin Falk, Bürgermeister der Marktgemeinde Gars am Kamp in Niederösterreich, selbst Falco-Fan. Er gehört zu den wenigen privilegierten Personen, die Falcos Villa von innen sehen durften. 1987 unterschrieb Johann Hölzel den Kaufvertrag für sein Waldviertler Domizil, um nach anstrengenden Auftritten und Tourneen einen Rückzugsort abseits von großen Fanansammlungen zu haben. Obwohl schon seit längerer Zeit von einem Falco-Museum in seiner ehemaligen Villa die Rede ist, bleibt die Öffentlichkeit bisher noch ausgesperrt. Eine Lösung ist noch nicht absehbar. Eine Reise ist Gars am Kamp trotzdem wert. Nicht nur, weil die Kleinstadt ein Luftkur- und Sommerfrische-Ort ist, sondern auch, weil sie in ihrem historischen Kurpark prominente Größen würdigt. Die prächtige Grünanlage wurde zwischen 1907 und 1908 im imperialen Stil der damaligen Zeit angelegt. Anlässlich des 60-jährigen Regierungsjubiläums von Kaiser Franz Joseph I. (1830–1916) konnte die 1,1 Hektar große Parkanlage mit dem Pflanzen einer „Kaiser-Jubiläumseiche" feierlich eröffnet werden. Auf dem Areal steht weiters eine Papsteiche, die 1983 wegen des Papstbesuchs in Wien – damals saß Johannes Paul II. (1920–2005) auf dem heiligen Stuhl – gepflanzt wurde. Nur einen Steinwurf entfernt führt ein Weg zur Suppé-Promenade, die nach dem österreichischen Komponisten Franz von Suppé (1819–1895) benannt ist.

Der Star ist aber ein anderer. Es besteht tatsächlich die Möglichkeit, Falco in die Arme zu laufen. Im Kurpark zeigt eine Falco-Statue den Musiker in Lebensgröße und mit klassischem Anzug, den er bei den meisten Auftritten trug. Ausgerechnet ein deutscher Steinmetzmeister hatte nach einem Wien-Besuch vor mehreren Jahren die Idee, einen der erfolgreichsten Musiker Österreichs unsterblich zu machen. „Für mich und bestimmt für andere Falco-Fans auch war es ein großer Wunsch, einem Mann, der Popgeschichte schrieb, ein Denkmal zu setzen", sagt der Steinmetzmeister Alexander Hanel aus der deutschen Stadt Leutershausen. Es hat auch einen ganz besonderen Grund, warum die 3,8 Tonnen schwere Falco-Statue nicht in Wien, sondern im Waldviertel ihren Platz gefunden hat. Hanel, der als Steinmetz sicher schon ganz andere harte Brocken bearbeiten musste, wurde von einem Wiener Magistrat zum anderen geschickt und ist letztendlich an der Wiener Bürokratie gescheitert. Also trat Plan B in Kraft. Er wusste, dass Gars am Kamp Falcos Zweitwohnsitz war. „Ein Telefonat hat genügt und schon waren wir uns einig", erzählt Bürgermeister Falk, der stolz ist, die Statue vor der „Haustür" zu haben. Anfang Oktober 2011 hatte eine Abordnung des Motorradclubs „Outsiders MC Austria" das Exklusivrecht, die Falco-Statue im Kurpark Gars zu enthüllen. Die Biker waren auch schon bei seinem Begräbnis am Wiener Zentralfriedhof mit dabei und hatten den Sarg zur letzten Ruhestätte getragen. Das tonnenschwere Falco-Denkmal steht auf einem massiven Sockel aus norwegischem Labrador-Granit, auf dem auch seine Unterschrift in Übergröße zu finden ist. Die Statue selbst ist aus einem hellen Granitstück ausschließlich per Hand gemeißelt worden. „Dass ich das Kunstwerk fertigen konnte, ist für mich eine absolute Herzensangelegenheit", erzählte Alexander Hanel.

Wer genügend Zeit eingeplant hat, kann sich nach dem Besuch der Statue auf eine kulinarische Reise begeben, die auch ganz nach Falcos Geschmack gewesen wäre. Wenn sich der Popmusiker nämlich in Gars aufhielt, besuchte er oft die örtlichen Wirtshäuser und ließ sich am liebsten Schnitzel, Fleischlaberl oder Marillenpalatschinken servieren. Hans Hölzel genoss die Ruhe abseits seines bekannten Bühnenwahnsinns. Doch schon von Anfang an hatte Falco ein bewegtes Leben.

Genauso turbulent wie der Großteil seiner Lebensjahre war auch seine Geburt am 19. Februar 1957. Er kam als einziger Überlebender von Drillingen zur Welt. Als er vier Jahre alt war, schenkten ihm seine Eltern ein Klavier. Und das, obwohl er sich damals eigentlich ein Akkordeon gewünscht hatte. Trotzdem hämmerte er stundenlang auf die weißen und schwarzen Tasten. Kurze Zeit später war klar, dass er ein Ausnahmetalent mit absolutem Gehör war. In den 1970er-Jahren machte er bei kleineren Auftritten seine ersten „Gehversu-

che". Falco war nicht immer ein Einzelkämpfer, er konnte sich als Musiker auch unterordnen. Er gründete mit Schulkollegen die Band „Umspannwerk", war Mitglied der Gruppe „Hallucination Company" und „Drahdiwaberl", mit der er seinen ersten Hit „Ganz Wien" landete. Nach mehreren absoluten Erfolgen, wie etwa mit „Rock me Amadeus", „Der Kommissar" und „Jeanny", folgten einige Flops. Falco kämpfte sich aber wieder hoch und feierte im Jahr 1993 auf dem 10. Wiener Donauinselfest ein Comeback, das sich rund 100.000 Besucher trotz Gewitters und strömenden Regens nicht entgehen lassen wollten.

Obwohl Falco immer von Wien schwärmte, hatte das offizielle Wien mit Falco ein angespanntes Verhältnis. Dass es im 22. Wiener Gemeindebezirk eine Falcogasse gibt, wirkt zwar großzügig, dürfte aber nur die Reaktion auf lang anhaltende Forderungen der Fans gewesen sein. Seit 5. Juni 2009 hat Johann Hölzel endlich seine eigene Straße. Wobei die Bezeichnung Straße übertrieben ist. Die Falcogasse ist gerade mal 250 Meter lang, verläuft hinter einem Gebäudekomplex parallel zum Rennbahnweg und ist eigentlich ein Gehweg. Zumindest schon etwas länger existiert die Falcostiege, eine offizielle Verkehrsfläche, die vom Ausgang der U4-Station Pilgramgasse am äußeren Teil des Naschmarktes zur Rechten Wienzeile hinunterführt: „Alles klar, Herr Kommissar!"

Marktgemeinde Gars am Kamp
Kurpark
3571 Gars am Kamp
www.gars.at

Exotische Tiere
in Dürnstein

Stellen Sie sich vor, Sie fahren in die Wachau, sitzen nach einer Wandertour gemütlich beim Heurigen, lassen nochmals die Schönheiten des engen Donautals auf sich wirken, sehen einmalige Weinterrassen und Trockensteinmauern, historische Ruinen, genießen ein Achterl vom Grünen Veltliner und ein paar Wachauer Marillenspezialitäten. Während Ihre Seele baumelt und Sie entspannen, erfassen Ihre Augen mitten in der idyllischen Landschaft ein ungewöhnliches Detail, das Ihr makelloses Bild von der Wachau plötzlich durcheinanderwirbelt. In der Ferne entdecken Sie den prominenten Kirchturm von Dürnstein, der für seinen markanten Blauton bekannt ist und als Wahrzeichen der Wachau gilt. Was Sie sehen, haut Sie fast um. Statt der blauen Farbe fallen Ihnen auf der Fassade von der Spitze bis zum Sockel viele kleine rosa Elefanten auf. Der Anblick ist entsetzlich. Ihr Atem stockt. Sie schütteln ungläubig den Kopf und sind regelrecht fassungslos. Auch wenn es sich bei dieser Darstellung nur um eine fiktive Beschreibung handelt, liegt dahinter ein wahrer Kern begraben. Kaum zu glauben, aber die barocke Stiftskirche birgt seit fast drei Jahrzehnten tatsächlich ein tierisches „Farbgeheimnis", dem ein wilder Streit um den Anstrich des barocken Kirchturms vorangegangen war.

Als es während der zwölf Jahre andauernden Restaurierung im Jahr 1986 darum ging, die Farbe für den Dürnsteiner Kirchturm auszuwählen, schlugen der zuständige Bauleiter Günter Graf und ein Restaurator einen blauen Anstrich vor.

Kaum hatten sie ihreIdee anklingen lassen, folgte ein heftiger Disput. Sowohl Einheimische als auch Touristen sparten nicht mit Spott und Häme. Während sich die bayerischen Besucher mit der blau-weißen Färbelung (no na – ihre Landesfahne trägt die Farben Blau und Weiß) anfreunden konnten, bezeichneten vor allem die Wiener Gäste das Vorhaben als „geschmacklos". Auch Fachleute hatten ihre Sichtweise – sogar ein Jahr später noch – kritisch anklingen lassen. „Am Beginn der immer noch andauernden Diskussion steht nach wie vor das in der barocken Sakralarchitektur ungewohnte Blau; es wirkt schwer und intensiv. Persönlich kann ich ihm auch keine himmlische Leichtigkeit abgewinnen", schreibt ein empörter Historiker in der Kunst- und Kulturfachzeitschrift „Morgen" (54/87). Die Debatte ging damals sogar soweit, dass ein hochrangiger Kollege Grafs während einer lautstarken Baubesprechung schließlich meinte: „Warum malen wir den Turm nicht lustig an? Wir färben ihn rosa und malen dazwischen Elefanten." Was nur wenige wussten ist, dass die geplante Blaufärbelung keine frei erfundene Idee, sondern eine zwar mutige, aber zugleich auch historisch begründbare Variante war.

In den Tagebüchern von Propst Hieronymus Übelbacher (1710–1740) findet sich eine Rechnung aus dem Jahr 1733, auf der der Kauf von mehreren Kübeln blauer Farbe vermerkt ist. Übelbachers Lebenswerk war es, das Stift und die dazugehörige Kirche von Dürnstein um- und teilweise neu zu bauen. „Er hat ein einzigartiges Stift geschaffen, bei dem die ganze Theologie in der Architektur umgesetzt ist. Mit der Farbe Blau wollten wir die Einmaligkeit des Bauwerks unterstreichen", meinte Bauleiter Graf.

Schon während der Renovierung im Jahr 1966 regte die Suche nach dem passenden Anstrich für den barocken

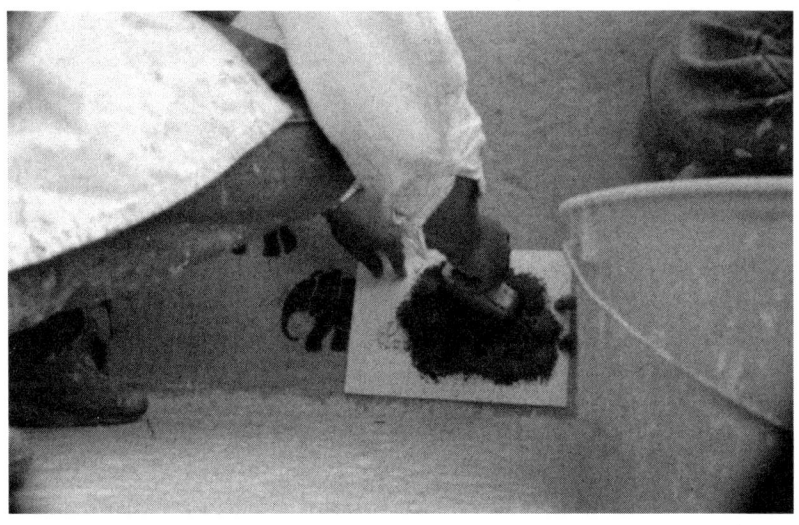

Kirchturm auf. Deswegen wurde damals ein junger Restaurator beauftragt, auf das wackelige Holzbaugerüst zu klettern,
um herauszufinden, wie der Turm kurz nach der Errichtung
ausgesehen hat. Dieser machte eine überraschende Entdeckung. Teile des Kirchturms waren nicht nur rot, gelb und
rosa, sondern auch blau gestrichen. Als er wieder Boden unter
den Füßen hatte, verriet er dem Arbeitskreis nur Teile seines
Ergebnisses. Dass er während seiner Untersuchung des Mauer-
werks auch blaue Farbreste gefunden hatte, verschwieg er.
Damals fiel die Entscheidung für die Färbelung der Kirche auf
die Farbe Gelb. 20 Jahre später war es wieder derselbe Fach-
mann, der erneut das Mauerwerk nach historischen Farbtönen
untersuchen sollte. Diesmal gab er sein Geheimnis preis.
„Wenn ich schon damals die Wahrheit gesagt hätte, dann hätte
ich niemals Karriere gemacht", meinte der Restaurator Jahre
später. Viele Touristen, die das markante Bauwerk heute foto-

grafieren und bewundern, wissen gar nicht, dass der Turm erst seit knapp 30 Jahren wieder blau gefärbt ist. Außerdem besitzt er nach wie vor ein „Farbgeheimnis", das viele Einheimische nicht einmal kennen. Auf der Nordseite des Turms sind tatsächlich rosa Elefanten abgebildet. Schuld daran ist auch ein Bericht in der Tageszeitung „Kurier". Während eines Interviews, das der Redakteur Gilbert Weisbier mit dem Restaurierungsleiter Günter Graf in Dürnstein führte, rollten zwei deutsche Touristen auf Fahrrädern heran und beklagten sich bitterlich über das aus ihrer Sicht unpassende Blau. Daraufhin antwortete Graf lapidar: „Wenn die historische Wahrheit das erforderte, würden wir den Turm auch mit rosa Elefanten bemalen." Grafs Zitat im „Kurier" löste eine noch viel größere Aufregung aus. Viele konnten aber auch herzhaft über den Vorschlag lachen. Schließlich gab Graf tatsächlich den Auftrag, zur Erinnerung an den Konflikt vier rosa Elefanten an die Turmfassade zu malen. Noch immer ist die Elefantengruppe aus dem mittleren Fenster des Festsaales zu sehen.

Pfarramt Dürnstein
Stiege 1
3601 Dürnstein
www.stiftduernstein.at

Himalaya im Waldviertel

Spieglein, Spieglein an der Wand, welche Erhebung ist die höchste im ganzen Land? Oder besser gesagt auf dem ganzen Erdball? Jedes Schulkind lernt früher oder später im Geografieunterricht, dass der höchste Berg der Welt mit 8.848 Metern Seehöhe der Mount Everest im Himalaya-Gebirge in Nepal ist. Schuld daran war ein Zusammenstoß zwischen der indischen und eurasischen Erdplatte vor mehreren Millionen Jahren. Gigantische Kräfte wurden freigesetzt und trugen dazu bei, dass ein riesiger Berggipfel geformt wurde. Noch immer ist die Erdkollision nicht hundertprozentig zur Ruhe gekommen, was dazu führt, dass der höchste Berg der Erde laut feinen Messungen jedes Jahr um wenige Millimeter weiterwächst. Falls Sie planen, den Mount Everest – übrigens nach dem britischen Landvermesser George Everest (1790–1866) benannt – in absehbarer Zeit von der Bodenstation bis zur Spitze zu besteigen, sollten Sie entweder ein ausgezeichneter Gipfelstürmer sein oder am Besten schon gestern mit dem Training begonnen haben, um möglichst bald eine hohe körperliche und psychische Belastungsgrenze zu besitzen. Viel Ehrgeiz und Ausdauer brauchen sie wohl auch. Dieses Mindestmaß an „persönlicher Ausrüstung" ist Voraussetzung dafür, dass Sie den herausfordernden Anstieg unbeschadet überstehen. Wenn Sie jedoch eine gemütlichere, aber fast genauso bedeutende Alternative suchen, werden Sie im südlichen Waldviertel fündig. Sie werden sich jetzt bestimmt fragen, warum ausgerechnet im niederösterreichischen Waldviertel, wenn Westösterreich oder

Asien weit mehr eindrucksvolle Berggipfel zu bieten haben. Ganz einfach. Sobald Sie am Ostrong im südlichen Waldviertel das Gipfelkreuz des Kleinen Peilstein auf 1.024 Metern Höhe erreicht haben, dürfen Sie aus erdgeschichtlicher Sicht mit Fug und Recht behaupten, den ehemals höchsten Berg des Urkontinents bestiegen zu haben. Gleich in der Nähe des Ostrongs – heute eine relativ niedrige Bergkette zwischen Laimbach und Donau – soll sich nach Angaben des ehemaligen Professors Gerhard Fuchs von der Geologischen Bundesanstalt in Wien der sogenannte „Wolkenspiegel" befunden haben. Der Forscher geht aufgrund von Gesteinsproben davon aus, dass der Wolkenspiegel vor rund 300 Millionen Jahren vermutlich mehr als 7.000 Meter in den Himmel ragte oder vielleicht sogar höher war als der Mount Everest heute. Fest steht, dass es vor rund 600 Millionen Jahren (am Ende des Präkambriums) eine bedeutende Gebirgsbildung in der böhmischen Masse gegeben haben muss, so der Forscher.

Jedenfalls war der Wolkenspiegel Teil eines gigantischen „Mammutgebirges", das von den Appalachen (Nordostamerika) und Ostkanada über die Bretagne (Westfrankreich) bis zu den Sudeten (Polen) reichte. Die damals unzähligen Bergriesen haben der nordöstlichen Region Niederösterreichs auch die Bezeichnung „Himalaya im Waldviertel" eingebracht. Klingt komisch, ist es auch. Mit der Zeit blieben davon nur Gesteinsreste übrig. Wind, Wetter und Kontinentalverschiebungen haben über Millionen von Jahren dafür gesorgt, dass die riesige Gebirgskette abgetragen wurde und das Tiefengestein Granit (das bekannteste Gesteinsvorkommen im Waldviertel) nun an der Oberfläche liegt. Zurück blieb ein fast unberührtes Hochland, das entlang des Ostrongs steile Felswände und eine idyllische Wald- und Wiesenlandschaft besitzt. Erholungssuchende finden hier ein mittelgebirgiges Ausflugsparadies, das zahlreiche kürzere und längere Wanderwege zu bieten hat. Der Peilsteingipfel ist dabei eines der natürlichen Höhepunkte des Waldviertels. Anspruchsvolle Wanderer können gleich den Kaiserstein-Peilstein-Rundwanderweg (14 Kilometer) in Angriff nehmen. Ausgangspunkt ist die Johanneskapelle in Münichreith, Bezirk Melk. Die rund fünfstündige Wanderung führt über Altwaldhäusl und den Kaiserstein (936 Meter) zum Großen (1.061 Meter) und Kleinen Peilstein (1.024 Meter). Der Kaiserstein erinnert übrigens an einen früheren österreichischen Monarchen. Kaiser Franz I. (1792–1835) war ein großer Freund des südlichen Waldviertels und nicht selten Gast am Ostrong. Wer schließlich die 500 Höhenmeter bewältigt hat, darf als Belohnung einen wunderbaren Panoramablick genie-

ßen – und zwar auf das Ysper- und Weitental sowie auf das nördliche Waldviertel. Bei genauerem Hinsehen kann man erkennen, dass die Region noch immer „steinreich" ist. Unzählige Steine, sogenannte „Restlinge", sind nicht zu übersehen. Das sind wissenschaftlich belegte Überbleibsel beziehungsweise Reste des früheren Gebirges.

Ein erdgeschichtliches Markenzeichen sind auch die vielen uralten Wackelsteine im nördlichen Waldviertel. Bis vor wenigen Jahren war man noch felsenfest davon überzeugt, dass sie unverwüstlich seien. Doch das stimmt nicht ganz. Was der Natur über Millionen von Jahren nicht gelang, schaffte im Jahr 2011 ein junger Familienvater aus dem Bezirk Gmünd. Ein leichter Rempler reichte aus, um einen 25 Tonnen schweren Wackelstein bei Groß Gerungs im Bezirk Zwettl so stark ins Wanken zu bringen, dass er das Gleichgewicht verlor, zu Boden stürzte und in zwei Teile zerbrach. Dem Mann war das Malheur äußerst peinlich. Trotzdem meldete er die „schwere Sachbeschädigung" vorbildlich bei der nächsten Polizeidienststelle. Konsequenzen musste er keine fürchten.

Tourismusverband
Ysper-Weitental
Hauptstraße 9
3683 Yspertal
www.waldviertel.at/wandern

Versalzener Wanderweg

Es war wohl der Reiz des Verbotenen, der ihn dazu getrieben hatte. Als sein Alkoholspiegel während einer nächtlichen Tour durch die Innenstadtlokale Wiens hoch oben angekommen war, sank gleichzeitig seine Hemmschwelle auf ein Minimum, sodass er kaum noch einen Moment darüber nachdachte, mit welchen Konsequenzen er zu rechnen habe, wenn er seinen heiklen Plan tatsächlich umsetzen würde. Für die einen – vor allem aber für den damaligen Generaldirektor des Kunsthistorischen Museums Wien, Wilfried Seipel – ist Robert M. der böse Landsmann, der mit dem Diebstahl der „Saliera" den größten Kunstraub in der österreichischen Kriminalgeschichte begangen hat. Für die anderen ist der Wiener Alarmanlagenverkäufer nicht nur ein sympathisch wirkender Vater zweier Kinder, sondern auch ein (Ex-)Gentleman-Ganove, der mit dem Entwenden des teuren Salzfasses nichts anderes bewirken wollte, als schwere Mängel im Sicherheitssystem des Museums aufzudecken. „Ich war kein Held, sondern ein Idiot", sagte M. während seines Prozesses. Wie sich später herausstellte, sprach M. schon Tage zuvor in einem Interview auf „Radio Orange" über mögliche Schwachstellen im Alarmsystem, die sich später aber als unwahr herausstellten.

Als sich im Mai 2003 die Nachricht vom Diebstahl der kostbaren Saliera wie ein Lauffeuer verbreitete, herrschte absolutes Entsetzen innerhalb der heimischen Kunstszene. Der Vorfall weckte gleichzeitig Erinnerungen an den bislang weltweit größten Raub der Kunstgeschichte. Im Jahr 1911 stahl ein Handwerker spätnachts Leonardo da Vincis weltbekannte „Mona Lisa" aus dem Pariser „Louvre". In beiden Fällen waren die Kunstwerke drei Jahre lang wie vom Erdboden verschluckt.

Mit dem Diebstahl der Saliera hat Robert M. nicht nur kurzfristig für internationale Schlagzeilen gesorgt, er hat sich auch unfreiwillig einen unrühmlichen Platz in der österreichischen Geschichte gesichert, wie ein ausführlicher Eintrag in der Online-Enzyklopädie „Wikipedia" beweist. Alleine die Tatsache, dass keine Kunstmafia, auch kein krankhafter Sammler, sondern ein bis dahin unbescholtener und unauffälliger Österreicher hinter dem Kriminalfall steckte, ist ein außergewöhnliches Detail. Auch M.s zweite Heimat im niederösterreichischen Waldviertel erlangte als Fundort der verschollenen Saliera globale Berühmtheit, was dazu führte, dass die zuständigen Gemeindevertreter mit der touristischen Vermarktung des Ortes begannen.

Was passierte am 11. Mai 2003 wirklich? Kurz vor vier Uhr Früh stieg Robert M. (beschwipst) über ein ungesichertes Baugerüst an der Außenseite des Kunsthistorischen Museums zu einem Fenster hinauf und knackte es mit einem Brecheisen. Danach zerschnitt er mit einem aufschiebbaren Messer die Jalousie und stand, ohne weitere Hürden überwinden zu müssen, mitten im Ausstellungsraum, in dem sich das teure Salzfass befand. Kunstexperten schätzen den Wert der Saliera auf ungefähr 50 Millionen Euro. M. zerschlug die Glasvitrine, steckte das 33 Zentimeter breite Salzfass in ein Jutesackerl und flüchtete mit seinem vor dem Haus abgestellten Mazda in seine Wiener Wohnung. Da es in der Vergangenheit des Öfteren zu Fehlalarmen gekommen war, hatten die Sicherheitskräfte erst relativ spät reagiert.

Seit ihrem Verschwinden ist die Saliera vielen, auch weniger kunstinteressierten Österreichern, ein geläufiger Begriff. Die „Mona Lisa unter den Skulpturen" ist deswegen so kostbar, weil sie die einzig erhaltene Schmiedearbeit des italienischen Künstlers Benvenuto Cellini (1500–1572) ist. Während seines Aufenthalts in Paris (1540–1543) hat der gebürtige Florentiner das Salzfass aus 24-karätigem Goldblech aufwendig gestaltet. Es war eine Auftragsarbeit von König Franz I. von Frankreich und kam über Karl IX. (König von Frankreich) als Geschenk in den Besitz von Erzherzog

Ferdinand II. von Österreich, Landesfürst von Tirol (1529–1595). Wer die Arbeit der Spätrenaissance genauer betrachtet, kann eine allegorische Darstellung der Erde bestaunen. Neptun stellt mit Dreizack und Schiff das Element Wasser dar; eine weibliche Figur, die römische Göttin Tellus, symbolisiert unseren Planeten Erde. Der Sockel zeigt in mehreren Nischen die Jahreszeiten, Morgenröte, den Tag, die Nacht und die Dämmerung.

Fast zwei Jahre lang blieb die 470 Jahre alte Saliera unter Robert M.s Bett aufbewahrt, ehe er das Salzfass in eine schwarze Kiste packte und es in der Nähe seines Wochenendhauses in der 200 Einwohner zählenden Ortschaft Brand bei Zwettl im niederösterreichischen Waldviertel vergrub. Drei Jahre nach dem Verschwinden der Saliera gelang es der Wiener Kriminalpolizei, das meistgesuchte Kunstobjekt Österreichs, das auf der FBI-Fahndungsliste der wichtigsten Kunstdiebstähle sogar auf Platz fünf gereiht war, aufzuspüren. Am 21. Jänner 2006 führte M. die Kriminalbeamten in jenen Wald, in dem er die Saliera vergraben hatte. Die Gegend ist übrigens auch als „Schatzbichl" bekannt.

Als das Salzfass wieder auf dem Weg ins Kunsthistorische Museum war, kam in der kleinen Ortschaft Brand „Goldgräberstimmung" auf. Findige Bewohner witterten die Chance, aus einem verschlafenen Dorf eine touristische „Metropole" zu machen. Zwar beherrscht seit Langem der dichte Verkehr das Ortsbild, weil täglich Hunderte Lkw durch das Dorf ins benachbarte Sägewerk brettern, doch der Fremdenverkehr ist kaum existent, was die Vertreter der zuständigen Gemeinde Waldhausen gerne ändern würden. Auch wenn die anfängliche Goldgräberstimmung längst wieder verflogen ist und das weltberühmte Salzfass wieder in der Wiener Kunstkammer ausgestellt wird, hat der Saliera-Fundort im Waldviertel heute noch ein paar Besonderheiten zu bieten: ein Haus, das immer noch vom wohl bekanntesten Ex-Ganoven des Landes (meistens am Wochenende) bewohnt wird. Um den Wiener Alarmanlagenverkäufer vor lästigen Blicken zu schützen, verzichten wir auf eine nähere Beschreibung seines Domizils und dessen Standort.

Stattdessen verraten wir ein anderes Detail. Gleich bei der Dorfkirche befindet sich das Gasthaus Hagmann. Wer sich rechtzeitig vor dem Besuch ankündigt, hat die Möglichkeit, die vegetarischen „Salieralaibchen", eine kulinarische und bestimmt nicht versalzene Kreation, zu probieren. Wirtin Gabriela und ihr Ehemann Josef Hagmann sind bekannt für ihr Insiderwissen über den Saliera-Fundort, weil sie damals die zuständigen Kriminalbeamten vor dem Ausgraben des verschollenen Kunstobjekts verköstigt hatten und mit ihnen ins Gespräch kamen. Noch heute haben sie im Gastzimmer eine eigene Saliera unter einem Glaskubus ausgestellt. Da es sich um eine geschnitzte Kopie aus Lindenholz handelt, braucht das Wirtsehepaar keinen Diebstahl fürchten.

Das Gasthaus Hagmann ist aber auch Ausgangspunkt des

Saliera-Wanderweges, den die zuständige Gemeinde Waldhausen nur wenige Monate nach der Rückgabe der Saliera rund um die Ortschaft Brand anlegen ließ. Weil der regionale Tourismusverband das Bewerben strikt ablehnt, gilt der Saliera-Wanderweg als Geheimtipp. Die kleinliche Begründung für das Verbot: „Wegen des Tatbestands kommt der Saliera-Wanderweg sicher nicht in der Wanderkarte der Region vor." Interessanterweise hat niemand etwas dagegen, dass der „Grasel-Rundweg" bei Horn im Waldviertel – benannt nach dem bekannten Räuberhauptmann Johann Georg Grasel (1790–1818) – sowohl im Internet als auch in Broschüren und Wanderkarten beworben wird. Wie auch immer. In Brand setzt man ohnehin auf Mundpropaganda und nützt eine Tarnung, um das Werbeverbot zu umgehen. In Foldern und auf Schildern ist der 8,5 Kilometer lange Saliera-Wanderweg auch unter der Bezeichnung „Schatzbichlweg" zu finden. Egal welcher Orientierungshilfe Sie vertrauen, beide führen an den Resten einer verfallenen Ziegelbrennerei vorbei. Wer weitergeht, kann vom sogenannten „Loschberg" einen traumhaften Ausblick auf das Waldviertler Hügelland genießen. Weitere grüne oder gelbe Schilder lotsen zu einer Info-Tafel, auf der die Herkunftsgeschichte der Saliera und deren Fundort beschrieben sind. Wem das allerdings zu wenig spektakulär ist, der muss doch eher die Original-Saliera im Kunsthistorischen Museum in Wien besuchen.

Marktgemeinde Waldhausen
Waldhausen 4
3914 Waldhausen
www.waldhausen.gv.at

„Forelle Müllerin"
der anderen Art

Meistens sind Forellen für den Kochtopf bestimmt. Wer sie aus Bächen und Seen fischt, will sie lecker zubereitet auf dem Teller sehen. Einerseits, weil sie gut schmecken. Andererseits, weil Fische gesund sind. Ernährungswissenschaftler wissen, dass Flossentiere dem Menschen wichtige Nährstoffe liefern. Und zwar leicht verdauliches Eiweiß. Und nicht nur das. Fische beinhalten Omega-3-Fettsäuren, die für Menschen lebensnotwendig sind. Konkret hilft der Verzehr von Fischen sowohl das Herzinfarktrisiko zu senken, als auch die Leistung des Gehirns zu steigern. „Forelle Müllerin" ist also eine köstliche Möglichkeit, schnell eine gesunde Fischspezialität auf den Tisch zu zaubern. Das Rezept ist unter Gourmetköchen weit verbreitet, weil diese Mahlzeit einfach zubereitet werden kann. Man nehme eine Forelle, Salz, Zitronensaft, Mehl, Sonnenblumenöl und Petersilie. Sobald der Fisch goldbraun gebraten ist, kommt der Gaumen zu seinem Vergnügen. Aber eigentlich lesen Sie dieses Buch nicht, um Ernährungstipps zu bekommen, sondern um zu erfahren, wo sich in Österreich skurrile Plätze befinden. Also zurück zum Thema. In Oberösterreich gibt es einen Ort, wo die „Forelle Müllerin" eine ganz andere Bedeutung hat. In der Nähe einer alten Mühle leben begabte Fische als Ausdauersportler in einem Wassersport-Leistungszentrum. Kein Scherz. Wer nach Engelhartszell an der Donau fährt, wird verblüfft sein, wenn dressierte Bach- und Regenbogenforellen in den warmen Monaten des Jahres allerlei Kunststücke vorzeigen und völlig ohne Doping zu sportlichen Höchstleistungen motiviert werden.

Wahrscheinlich auf der ganzen Welt einzigartig ist der „Forellenzirkus" der Familie Sageder-Luger, der sich fünf Kilometer oberhalb von Engelhartszell nahe der fast 200 Jahre alten Erledt-Mühle befindet. Vor ungefähr 60 Jahren haben Otto und Karl Luger damit begonnen, wilde Forellen zu zähmen. Ein interessantes und zugleich ungewöhnliches Naturschauspiel war in den 1940er-Jahren ausschlaggebend dafür, dass die beiden Geschwister ihre Fische nicht mehr ausschließlich als Nahrungsmittel wahrnahmen, sondern plötzlich auch als vielversprechende Akteure (Sportler). Die Brüder beobachteten, wie Forellen nach Essensresten schnappten, die auf der Wasseroberfläche trieben. „Früher ist die schmutzige Wäsche noch im Bach gereinigt worden. Nicht selten sind ein paar Brösel ins Wasser gefallen, die sich die Forellen nicht einfach so entgehen lassen wollten", erzählt Markus Sageder, der genauso wie seine Ehefrau Bernadette eine Karriere als nebenberuflicher Dompteur eingeschlagen hat.

Also sind Forellen im weitesten Sinn talentiert. Sie springen aus dem Wasser, um nach ihrer Leibspeise – etwa auch nach Mücken – zu schnappen. Ein Naturtrieb, der angeboren ist, um zu überleben. Wer das weiß, kann sie auch dazu bringen, auf Kommando ungewöhnliche Kunststücke zu zeigen. Wie hier in Mühlbach bei Engelhartszell. Regenbogen- und Bachforellen spielen Fußball, springen durch Reifen, fahren Wasserski und schwimmen Slalom. Bis sie soweit sind, ist allerdings viel Geduld gefragt. Die Luger-Brüder nahmen sich als Erste in der Familie die Zeit, ihren schwimmenden Schützlingen Grundlagen beizubringen. Wie aus Forellen Spitzensportler gemacht werden, dazu besitzt die Großfamilie inzwischen ein breites

Wissen, das nicht willkürlich angewendet, sondern gezielt eingesetzt wird, um zu den gewünschten sportlichen Ergebnissen zu gelangen. Zur Anwendung kommt hierfür ein eigens ausgearbeitetes, dreijähriges Ausbildungsprogramm. Die kleinsten Fische können sich noch in der „Krabbelstube" austoben. Sobald sie das erste Lebensjahr beendet haben, beginnt der Ernst des Lebens – in Form eines Leistungstrainings, um später beispielsweise den Fußball mit dem Maul ins Tor schieben zu können. Unter den zahlreichen Leistungsträgern hat die Familie Sageder-Luger auch ihre Aushängeschilder. Die „hören" zum Beispiel auf „Lahm", „Ballack" oder „Schweinsteiger". Wer es nicht weiß: Das sind die Namen von aktiven und ehemaligen Profifußballern in Deutschland. Jene Sportler, die weniger begabt sind, kommen in den Streichelzoo. Nein. Falsch gedacht. Wir sprechen selbstverständlich nicht von den bekannten Fußballern, sondern von den Fischen.

Natürlich müssen Forellen auch motiviert werden, damit ihre Spiellust und ihr Bewegungsdrang nicht schwinden. Während Profifußballer mit Millionen-Gagen bei Laune gehalten werden, sind Forellen weniger anspruchsvoll. Ihnen reicht ein leckerer Happen als Belohnung. Gleich neben dem Bach befinden sich hauseigene „Wurmplantagen", wo Hunderte Regenwürmer als kulinarische Köstlichkeiten für lahme, unmotivierte Forellen gezüchtet werden.

In der außergewöhnlichen Zirkusmanege tauchen aber nicht nur Fische, sondern auch andere Tiere auf, die keinesfalls weniger talentiert sind. Neben den zahmen Forellen hat die Familie Sageder-Luger auch dressierte Hähne als tierische Attraktion im Repertoire. Kleine Vorwarnung: Gelegentlich nimmt das Federvieh auch liebend gerne auf den Köpfen der Besucher Platz, um die Aussicht zu genießen. Darüber hinaus gibt es eine im Jahr 1348 erstmals urkundlich erwähnte Erledt-Mühle zu bestaunen, die noch bis 1994 in Betrieb war. Heute zeigt die Mühle, wie das Leben einer Müllerfamilie früher ausgesehen hat. Sehenswert ist auch das Venezianer-Sägegatter, das aus dem Jahr 1820 stammt. Wer das tierische Showprogramm oder die musealen Nebenschauplätze besichtigen will, soll sich am besten telefonisch voranmelden. Der Forellenzirkus ist von April bis Oktober geöffnet.

Forellenzirkus Familie Sageder-Luger
Mühlbach 3
4090 Engelhartszell
Tel.: 0043/7717-7552

Mit allen Sinnen erleben

Die ehemalige Industriestadt Rohrbach (OÖ), in der fast 300 Jahre lang Leder produziert wurde, setzt nach wie vor auf Tradition. Und das ist nicht zu überhören. In der 2.400 Einwohner zählenden Pfarrgemeinde gibt es ihn noch, den „Totenrufer", der zu einer fast ausgestorbenen Rasse in Österreich gehört. In den Ohren Auswärtiger klingt das, was er manchmal hinausposaunt, eigenartig, in Rohrbach ist es allerdings Teil des Alltags. Das Prozedere läuft folgendermaßen ab: Nachdem ein Bewohner gestorben ist, und der Priester darüber informiert wurde, geht ein Bediensteter der Pfarre mit der Trauernachricht auf den 30 Meter hohen Kirchturm hinauf und ruft den Namen, Beruf und Wohnort des Verstorbenen durch ein Megafon in alle Himmelsrichtungen. Zuvor läuten noch zwei Minuten lang ohne Unterbrechung die Glocken, damit die Einheimischen wissen, dass eine neue Totenmeldung verkündet wird. Seit wann diese Tradition in Rohrbach praktiziert wird, ist unbekannt. Man geht aber davon aus, dass dieses aus heutiger Sicht kuriose Kommunikationsmittel aus Kriegszeiten stammt, in denen man die Bürger – vom Glockenturm aus – immer wieder vor unterschiedlichen Gefahren gewarnt hatte.

Rohrbach ist aber nicht nur für ein einziges Sinnesorgan originell. Besonderes gibt es auch zum Sehen, Spüren, Schmecken und Riechen. Mittelpunkt ist die denkmalgeschützte Pöschl-Villa aus den Jahren 1922/23, die ursprünglich die gleichnamige Industriellenfamilie bewohnte und seit 1995 im Besitz der Stadtgemeinde Rohrbach ist. Das geschichtsträch-

tige Gebäude ist mittlerweile eine außergewöhnliche Produkti-
onsstätte, in der Sinnestäuschungen und Wahrnehmungen am
laufenden Band erzeugt werden. Professoren und Studenten
der Kunstuniversität Linz, Künstler und Mitglieder der Muse-
umsinitiative Rohrbach gehören zu den kreativen Geistern
hinter den Exponaten, die auf einer Fläche von 400 Quadratmetern installiert wurden und immer wieder unterschiedliche
Sinne anregen sollen. Seit der Eröffnung im Juni 2004 konnten
insgesamt mehr als 100.000 Gäste in der sogenannten „Villa
sinnenreich" begrüßt werden.

Anders als in vielen anderen Ausstellungen brauchen die
Besucher hier keine endlosen Begleittexte lesen, um zu wissen,
was die ausgestellten Gegenstände zu bedeuten haben. Man
kann die Welt zwischen Realität und Illusion ganz einfach
spüren. Schon bei der Kassa ist der Geschmackssinn gefragt.
Hier entscheidet sich, ob die essbare Eintrittskarte nach Apfel,
Erdbeere oder Orange schmecken soll. Danach führt der Weg
zu insgesamt 50 Stationen und Objekten, die fantasievoll
gestaltet wurden. „Diese stellen unsere Wahrnehmungen auf
die Probe. Was wir sehen, muss nicht immer wahr sein. Bei
uns erleben die Besucher, wie leicht es geht, unsere Sinne zu
täuschen", erklärt Museumsobfrau Gerhild Humenberger. Die
Ausstellung ist so konzipiert, dass alle Altersgruppen – egal ob
Kinder, Jugendliche, Erwachsene oder Senioren – nicht zu
kurz kommen. „Während die Kinder das Museum spielend
kennenlernen, finden es viele Jugendliche einfach cool, und die
Erwachsenen staunen oft über die Vielfalt der Wahrnehmungsphänomene und optischen Täuschungen", erzählt
Humenberger.

Gleich nach der Kassa nimmt „Mr. Ohrlovsky" die Gäste in
Empfang. Wer die Hand seines eisernen Körpers drückt, darf

nicht erschrecken. Was man deutlich zu hören bekommt, ist der eigene Herzschlag. Dieser wird mithilfe von sensiblen Sensoren übertragen und hallt aus mehreren Ohren, die auf seinem ganzen Körper verteilt angebracht sind. Nur wenige Meter weiter geht es in den „Ames-Raum". Durch ein kleines Loch kann man beobachten, wie zwei gleich große Personen einen Raum betreten und plötzlich unterschiedlich groß wirken, sobald sie sich auseinanderbewegt haben. Diese Sinnestäuschung – vom Riesen zum Zwerg – macht ein verzerrt konstruierter Raum möglich.

Darüber hinaus können die Besucher in ein überdimensionales Kaleidoskop klettern. Wer es nicht (mehr) kennt: Damit ist ein fernglasähnliches Gerät gemeint, das aus mehreren horizontalen und vertikalen Spiegeln besteht, und das beim Durchsehen aus vielen bunten Kristallen schöne, farbenfrohe Formen bildet. Während die Originalgröße ungefähr 20 Zentimeter beträgt, ist das museale Kaleidoskop raumfüllend. Verschiedene Lichtquellen helfen, in der Kombination aus Spiegelungen und Lichtbrechungen unterschiedliche Ornamente und Muster zu zeigen. Die Spiegel machen den Raum endlos.

Weiter geht es im „Fühlschiff", das wie eine riesige Kokosnuss aussieht. Sobald man sich auf den Pölstern bequem niedergelassen hat, wird die Eingangstür verschlossen, was

dazu führt, dass man nichts mehr hören und sehen kann. Ohne äußere Sinneseindrücke können die Besucher entspannen, wobei das Gefühl nach einer Zeit unangenehm werden kann. Jeder empfindet diese Situation aber natürlich anders.

Sonderbare Gleichgewichtserfahrungen können Besucher im „Betrunkenen Würfel" erleben, wenn Wände beginnen, sich zu bewegen. Weitere Besonderheiten sind der „explodierende Raum", der sich im Spiegel wie von Zauberhand wieder zusammensetzt, Räume mit wechselnden Lichtquellen und Farbschatten, ein Experimentiertisch und ein Spielbereich für die Kleinen. Wenn Sie von den verschiedensten Eindrücken noch nicht genug haben, gibt es im angrenzenden Park auch einen sechs Kilometer langen Rundwanderweg, wo es weitere 20 Stationen zum Thema „Wahrnehmung mit allen Sinnen" zu entdecken gibt.

Da keine vorgeschriebene Wegführung existiert, können die Gäste ihren Besuch individuell gestalten. „Nur wenn man selbst tätig wird, erschließen sich die Wahrnehmungsphänomene und Sinnestäuschungen", sagt Obfrau Humenberger. Sie rät, sich genügend Zeit zu nehmen, um auf eine spannende und lehrreiche Entdeckungsreise gehen zu können. Geöffnet ist die „Villa sinnenreich" von Dienstag bis Samstag, jeweils von 10 bis 16 Uhr, sowie an Sonn- und Feiertagen von 13 bis 18 Uhr.

Villa sinnenreich
Bahnhofstraße 19
4150 Rohrbach/Oberösterreich
www.villa-sinnenreich.at

Der unverweste Fingerzeig Gottes

Warum nach Ägypten reisen, die Mumien sind doch so nah? Das kuriose Österreich hat auch einiges zu bieten, wenn es um konservierte Leichname geht. Man denke nur an den berühmten Gletschermann „Ötzi", der seit seiner Entdeckung im ewigen Eis die Öffentlichkeit fasziniert. Ein weiteres, nicht solchermaßen bekanntes, aber nichtsdestotrotz besonders interessantes Exemplar findet sich im oberösterreichischen Mühlviertel, genauer gesagt in St. Thomas am Blasenstein. In der dortigen Pfarrkirche ist der Leichnam eines Mannes zu sehen, der vor mehr als 250 Jahren gestorben ist, und der auf natürlichem Weg mumifiziert wurde. Natürlich schrieb man das in früheren Zeiten nicht außergewöhnlichen klimatischen Umständen, sondern einer höheren Macht zu. Noch dazu, weil es sich bei der Mumie um einen Geistlichen handelte. Der Volksmund hatte auch bald eine recht originelle Bezeichnung parat: Man sprach – und spricht auch heute noch – nur mehr vom „luftg'selchten Pfarrer".

Dass die wundersame Mumie entdeckt wurde, soll einem Zufall zu verdanken sein. Im frühen 19. Jahrhundert wollten Arbeiter ein Grab ausräumen und fanden darin zu ihrem großen Erstaunen den gut erhaltenen und unverwesten Leichnam. Es soll sich dabei um den Chorherrn Franz Xaverius Sydler de Rosenegg handeln. Zur Welt gekommen ist er am 4. Juni 1709 als 13. (!) Kind des Schlossvorstehers in Bad Kreuzern. Er schlug den Berufsweg eines Geistlichen ein, zuletzt war er Pfarrvikar in St. Thomas am Blasenstein. Jedoch nur drei Jahre lang. Denn Franz Xaverius Sydler de Rosenegg war es nicht vergönnt, alt zu werden. Er starb schon am 2. September 1746 im Alter von nur 37 Jahren. Was natürlich für heutige Verhältnisse ein ungewöhnlich früher Todeszeitpunkt ist. In Anbetracht der Zeit, in der der Chorherr lebte, relativiert sich das aber wieder. Schließlich drohten damals aufgrund des Fehlens wirksamer Medikamente etliche Krankheiten mit ernsten und nicht selten auch tödlichen Auswirkungen.

Genaueres zur Todesursache ist nicht überliefert. Dass Franz Xaverius Sydler de Rosenegg an einer schweren Krankheit verstarb, dafür gibt es aber doch Indizien. Denn der Chorherr wurde nur einen Tag nach seinem Tod begraben, was bei Geistlichen zu jener Zeit nicht gerade üblich war. Und was darauf hinweist, dass er einer ansteckenden Krankheit zum Opfer gefallen sein könnte. Denkbar ist auch, dass man ihm eine Medizin „auf Leben und Tod" verabreicht hat, die dann doch eine letale Wirkung hatte. Im Volksmund ist zudem überliefert, dass der Chorherr an Epilepsie gestorben sei. Sein ganzes Leben soll er an Anfällen gelitten haben. Dass der Leichnam nicht verwest ist, wird als Fingerzeig Gottes angesehen.

Neben der damals herrschenden Auffassung, die Mumifizierung sei ein göttliches Wunder, bestanden noch einige weitere Versionen. Gerbsäure, doppelt chlorsaures Quecksilber, verschiedenste Gifte, der Luftzug oder auch radioaktive Strahlung wurden als Gründe für den außergewöhnlichen Zustand des Leichnams genannt. Um dem Rätsel auf den Grund zu gehen, wurde im Jahr 2000 eine intensive wissenschaftliche Untersuchung gestartet. Geleitet wurde diese von Dr. Bernhard

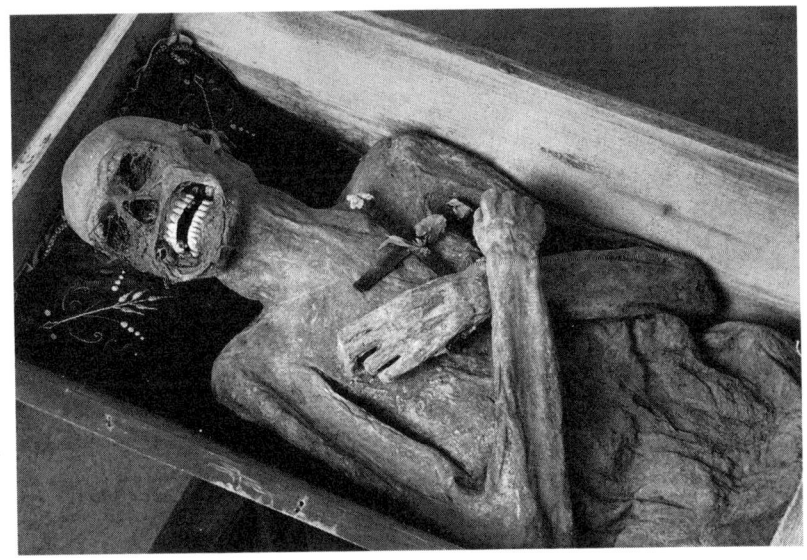

Mayer von der Klinik für klinische Pharmakologie in Wien, der schon mit der Untersuchung des berühmten Ötzi betraut war. Ergebnis: Es kann ausgeschlossen werden, dass der Leichnam auf künstlichem Wege, erhalten wurde. Eine genaue wissenschaftliche Erklärung für die – demnach natürliche – Mumifizierung liegt jedoch auch nicht vor. Es könnte sein, dass der Leichnam unter Luftabschluss ausgetrocknet ist.

Doch neue Erkenntnisse lieferte die Untersuchung einige: Die Zähne des Chorherren zeigen etwa, dass er ein Pfeifenraucher gewesen sein dürfte. Außerdem fällt auf, dass die Zähne äußerst gesund waren und nicht von Karies befallen sind. Die nähere Betrachtung der Schuhe wiederum zeigte, dass der gute Mann Spreizfüße hatte. Und dass er auf großem Fuße gelebt hat, denn die im Lauf der Zeit geschrumpften Schuhe haben noch immer die Größe 40. Geschrumpft ist auch der Chorherr selbst, die Mumie misst aber noch immer 1,71 Meter. Das Gewicht beträgt nur mehr zehn Kilogramm. Rätsel wirft eine Kugel von einem Zentimeter Durchmesser auf, die im Verdauungstrakt gefunden wurde. Sie könnte auf einen Giftanschlag hinweisen.

Beerdigt wurde der Chorherr in einer Lederhose, die ebenfalls gut erhalten ist. Das trug ihm den Spitznamen „Lederner Franzl" ein. In einer Vitrine in der Gruft neben der Mumie ist auch ein priesterliches Messgewand aus der Zeit um 1730 zu besichtigen. Es ist wahrscheinlich, dass der Chorherr dieses zu Lebzeiten getragen hat.

Führungen werden auf Anfrage durchgeführt. Dabei ist nicht nur der „luftg'selchte Pfarrer" mit der Wallfahrtskirche zu sehen, sondern etwa auch die „Buckwehluck'n", ein „Durchkriechstein", der gegen Rückenschmerzen helfen soll.

4364 St. Thomas am Blasenstein
www.st-thomas.at

365 Tage
Weihnachten

Immer wenn der Herbst ins Land zieht, und die Temperaturen allmählich in den Keller rasseln, beginnt Weihnachten. Das ist kein Scherz. Bestimmt waren Sie schon mal im September im Supermarkt einkaufen und haben sich gewundert, weil Sie neben der Auswahl üblicher Lebensmittel auch Weihnachtskekse, Adventkalender und Lebkuchen vorgefunden haben. Auch wenn die Hersteller saisonaler Produkte ihre weihnachtlichen Waren möglichst lange im Regal liegen sehen wollen, fragen sich viele, ob es wirklich notwendig ist, die Vorweihnachtszeit künstlich in die Länge zu ziehen. Schon alleine dieser Umstand ist eigentlich eigenartig. Es geht aber noch ungewöhnlicher. Österreich beherbergt einen Ort, wo Weihnachten bis zu 365 Tage im Jahr dauert.

Die Stadt Steyr in Oberösterreich kennt man. Nicht nur als Gebiet, das oft von Hochwasser heimgesucht wird. Vor allem kennt man Steyr als Ort, der sich jedes Jahr in der Adventszeit in eine weltweit bekannte und unverwechselbare Weihnachtsmetropole verwandelt. Schon im Frühjahr kann man sich auf der Webseite des örtlichen Tourismusverbands durch das bevorstehende vorweihnachtliche Programm im Dezember klicken. Nicht nur virtuell, sondern auch im wahren Leben präsentiert sich die Stadt Steyr mit exakt 584 denkmalgeschützten Objekten als Ganzjahresparadies für Weihnachtsfetischisten.

Wenige Gehminuten vom Zentrum entfernt befindet sich ein Stadtteil, der an Weihnachten beziehungsweise an die

Geburt Jesus Christus' erinnert. „Christkindl" ist allerdings mehr als nur die Bezeichnung eines Stadtviertels. Ebendort befindet sich auch die Wallfahrtskirche Christkindl mit der Postanschrift Christkindlweg 69. Errichtet wurde die Kathedrale zwischen 1702 und 1725, nachdem ein schwerkranker Steyrer Ende des 17. Jahrhunderts an dieser Stelle, nahe eines Baumes, ein kleines Jesukind aus Wachs verehrte und Wochen später zur Überraschung vieler geheilt war. Diese Gnadenfigur ist heute in der Kirche am Hochaltar in einem kleinen Schrein untergebracht. In der Mitte des Hochaltars ist auch jener Baumstamm eingemauert und konserviert, den der Schwerkranke damals in seiner Verzweiflung aufgesucht hatte. Wer von der Überdosis „Christkindl" noch keinen Schaden davongetragen hat, kann seine besinnliche Entdeckungsreise außerhalb der barocken Basilika fortsetzen.

Gleich gegenüber – im Pfarrhof – sind zwei der mit Abstand spektakulärsten Weihnachtskrippen Österreichs zu entdecken. Beinahe 300 aus Lindenholz geschnitzte Figuren bewegen sich, angetrieben durch Fahrradketten, Wellen und Zahnräder, in einer mechanischen Krippe von Karl Klauda (1855–1939). Und mit einer Gesamtfläche von 58 Quadratmetern zählt auch das Kunstwerk von Ferdinand Pöttmesser (1895–1977) aus Südtirol zu den größten orientalischen Landschaftskrippen weltweit, auf der insgesamt 778 bis zu 30 Zentimeter große, geschnitzte Figuren zu sehen sind. Der Steyrer Josef Seidl hat nachträglich den Landschaftsberg gestaltet.

Und weiter geht die Reise: In unmittelbarer Nähe befindet sich das Hotel „Christkindlwirt", das vormals ein Gasthof war und insbesondere deswegen bekannt ist, weil es seit den 1950er-Jahren in seiner Poststube das „Postamt Christkindl"

beheimatet. Das Sonderpostamt der heimischen Briefträger hat allerdings eine eigene Adresse und ist über die Anschrift „Postamt Christkindl, Christkindlweg 6, 4411 Christkindl" erreichbar. Inzwischen gehört es in vielen Familien Österreichs zum Brauch, Weihnachtspost über das „Postamt Christkindl" zu versenden. Wie das geht? Sobald der Sticker „Über Christkindl", den man in der Vorweihnachtszeit in allen Postämtern Österreichs bekommt, auf den Briefen klebt, werden die Weihnachtssendungen automatisch über das Sonderpostamt verschickt, um einen begehrten „Weihnachtsstempel" zu erhalten. Waren es am Anfang nur 42.000 Postsendungen, sind es inzwischen mehr als zwei Millionen Briefe, die jedes Jahr zwischen Ende November und 6. Jänner abgestempelt und in die ganze Welt versendet werden. Während des Jahres ist das Weihnachtspostamt jedoch geschlossen.

Egal wie lange es noch bis zum Frohen Fest dauert, in Steyr steht Weihnachten immer vor der Tür. Am Michaelerplatz 2 ist nämlich das 1. Österreichische Weihnachtsmuseum beheimatet. Generell ist die Ausstellung von Ende November bis Anfang Jänner geöffnet. Gruppen bis maximal 30 Personen haben aber auch während des Jahres die Möglichkeit, eine Führung durch das einzigartige Museum zu machen.

Auf rund 500 Quadratmetern Fläche lässt sich Weihnachten in 67 verschieden dekorierten Vitrinen erleben. Die Ausstellung gewährt historische Einblicke, wie früher der Heilige Abend gefeiert wurde, und wie unterschiedlich die Geschmäcker waren. Aus heutiger Sicht sind mehrere Objekte sogar grenzwertig, weil äußerst kitschig. Aber wie gesagt, Geschmäcker sind verschieden. Die antiken Ausstellungsstücke stammen aus der Zeit zwischen 1830 und 1945 und sind vorwiegend aus Glas, Metall, Porzellan und Papier gefertigt. Elfriede Kreuzberger, „Christbaumschmuck-Fetischistin" und Herrin der Sammlung, besitzt inzwischen 18.200 Objekte, die zum Teil schon von ihren Vorfahren zusammengetragen wurden. Mehr als 14.000 Exemplare sind im Weihnachtsmuseum ausgestellt. Nach eigenen Angaben besitzt Kreuzberger die größte derartige Privatsammlung der Welt. Darunter sind Tausende verschiedenfarbige Christbaumkugeln, Sterne, Glasvögel, Papier-Engel und mehrere künstliche Christbäume. Auch Feldpost-Stücke aus dem Ersten und Zweiten Weltkrieg gehören zur Sammlung. Seit ihrer Kindheit beschäftigt sich die gebürtige Wienerin mit ihrer Sammelleidenschaft. Viele edle Stücke stammen aus Thüringen in Deutschland, aus dem böhmischen Gablonz und anderen „altösterreichischen Ländern". Darüber hinaus sind rund 200 Stubenpuppen, Puppenhäuser und Puppenspielzeug in der „Steyrer Stubn" im Erdgeschoß zu sehen.

Hoch hinaus geht es, wenn man sich mit der Indoor-Erlebnisbahn vom Eingangsbereich bis zum Dach des Gebäudes bringen lässt. Die Zugreise führt vorbei an den Vitrinen bis zur Engelswerkstatt im Dachgeschoß, wo sich Hunderte Engel quasi auf das Weihnachtsfest vorbereiten. Pro Fahrt können zehn Passagiere transportiert werden. Eine Attraktion nicht nur für Kinder, sondern auch für Erwachsene.

1. Österreichisches Weihnachtsmuseum
Michaelerplatz 2
4400 Steyr
www.steyr.info/christkindl-stadt

Verliebter
Krieger

Geld, Krieg und Liebe bestimmten lange Zeit den Alltag in Schärding. Zunächst machten im Mittelalter die Schifffahrt und der Handel aus der kleinen Ortschaft an der bayerisch-oberösterreichischen Grenze eine einflussreiche und wohlhabende Stadt. Waren anfangs Salz, Getreide, Wein, Erz, Vieh und Holz die wichtigsten Handelsgüter, sorgten später Schafzucht, Flachs- und Hanfanbau sowie das textile Gewerbe (Leinenweberei, Gerberei und Färberei) für Aufschwung. Damals war der vorbeifließende Inn eine bedeutende Verkehrsanbindung für örtliche Geschäftsleute. Noch heute symbolisiert eine „Tuchschere" im Stadtwappen die wirtschaftliche Entwicklung Schärdings. Auch die sogenannte „Silberzeile" am nordöstlichen Teil des Oberen Stadtplatzes, wo die reichen Kaufleute ihren Sitz hatten, erinnert heute noch an eine Glanzzeit. Damals hatten die bunten Fassaden mit pastelligen Farbtönen bestimmte Bedeutungen. Sie gehen „auf die mittelalterlichen Zunftfarben zurück, die einzelnen Zünften, wie etwa Bäcker (blau), Fleischer (rot) und Gastwirt (gelb und grün), zugeordnet waren", schreiben Touristiker im Stadtführer „Schärding – Rundgang durch die Altstadt" über die Wirkungsstätten traditioneller Gewerbetreibender.

Im Mittelalter war Schärding nicht nur eine wichtige wirtschaftliche Drehscheibe, sondern auch Mittelpunkt zerstörerischer Kämpfe und Machtspielereien, die den Aufschwung der Stadt abrupt stoppten. Während des spanischen Erbfolgekriegs gingen im Zuge einer dreitägigen Belagerung im Jahr 1703

ungefähr 50 Häuser und die gotische Pfarrkirche in Flammen auf. Wer sich mit der Geschichte Schärdings noch näher beschäftigt, findet eine weitere Jahreszahl, die den nächsten Niedergang der Stadt datiert. Im Jahr 1809 waren napoleonische Truppen – insgesamt 25.000 Soldaten – für die schlimmsten Zerstörungen in Schärding verantwortlich. Die Franzosen legten beinahe die ganze Stadt in Schutt und Asche. Nicht umsonst existiert noch immer die Bezeichnung „Schärding und Frankreich – eine explosive Mischung". 158 Häuser, darunter Kirchen, das Rathaus und das Bürgerspital, wurden bis auf die Grundmauern vernichtet.

Inmitten des kriegerischen Wahnsinns klingt ein kleines historisches Detail kurios und gleichzeitig unglaublich: ein junges Mädchen machte sich indirekt zur Heldin eines ganzen Stadtviertels. Obwohl Maria, so hieß sie, keinen einzigen Finger rühren musste, rettete die junge Frau das Leben ihrer Familie und das vieler anderer Bürger. Das Viertel blieb von heftigen Bombardements durch die Franzosen verschont. Sie konnte mit den Waffen einer Frau überzeugen. Im Klartext heißt das: Weil sich der französische Heeresführer, Marschall André Masséna, an ihre außergewöhnliche Schönheit erinnern konnte, gab er den Befehl, keine einzige Bombe auf die „Hintere Stadt" abzufeuern. Der Franzose war vier Jahre zuvor im Gasthaus ihrer Eltern untergebracht, als er damals gemeinsam mit den französischen Truppen in Schärding durchmarschierte. Masséna war von der makellosen Schönheit verzaubert. Wo einst das Wirtshaus Weißmann (Innbruckstraße 13) untergebracht war, befindet sich heute im Übrigen ein Modekaufhaus.

Eine nicht ganz ernstzunehmende Geschichte reiht sich ebenfalls zu den Kuriositäten der französischen Truppen in Schärding: „Vor lauter Liebschaften mit Schärdinger Mädchen hatte ein Franzose den Abzug seiner Truppen versäumt. Aus Rache und zur Vergeltung haben ihn eifersüchtige Schärdinger Burschen in einer Nische eingesperrt. Angeblich hat ihn eine seiner Geliebten aus seiner Gefangenschaft befreit." Obwohl diese verhängnisvolle Liebesgeschichte keinen wahren Kern besitzt, ist der französische Soldat lebensgroß verewigt – und zwar in einem Unterschlupf unterhalb des Schärdinger Schlossparks. „Lange Zeit ist die Mauerhöhle als Mülllagerplatz verwendet worden. Damit dieser Schandfleck verschwindet, haben wir eine Schaufensterpuppe in einen französischen Soldaten verwandelt und ihn in die Höhle gesetzt", erzählt Rudolf Leßky, Obmann des Verschönerungsvereins „Unser Schärding". Er ist gleichzeitig der Schöpfer dieser humorvollen Liebesepisode, mit der eine wechselvolle Stadtgeschichte greifbar wurde. Hinweisschilder mit der Aufschrift „Zum liebestollen

Franzosen" helfen, den Soldaten zu finden. Auch andere kriegerische Erinnerungsstücke, wie etwa eine Kanone im Schlossgarten, sind Relikte aus einer explosiven Zeit mit den Franzosen.

Darüber hinaus sind viele historische Bauwerke in der barocken Altstadt sehenswert. Das Haus der örtlichen Sparkasse, die Stadtpfarrkirche, die ehemalige Spitals- oder Heilig-Geist-Kirche und das Rathaus mussten nach ihrer Zerstörung 1809 wieder aufgebaut werden.

Während eines historischen Stadtrundgangs lohnt es sich, auch in einem jahrhundertealten Brauwirtshaus in der Denisgasse 8 vorbeizuschauen. Von 1609 bis 1952 wurde in dem denkmalgeschützten Gebäude eigener Hopfensaft hergestellt. Bekannt ist die Gaststätte unter dem klingenden Namen „Bums'n". Wer obszön denkt, ist selber schuld. Der Name leitet sich nämlich von einer anderen Bewegungsform ab. Als die Bierfässer noch mit der Kutsche angeliefert wurden, rollten sie über einen leicht abfallenden Bretterboden in die Schwemme – darunter verstand man früher Gaststätten, in denen viel Bier ausgeschenkt wurde. Die Fässer „bumsten" am Ende des Raumes gegen den Tresen. Daher der Name: „Wirtshaus zur Bums'n" und nicht „Wirtshaus zum Bums'n".

Tourismusverband Schärding
Innbruckstraße 29
4780 Schärding
www.schaerding.at

Klo
und so weiter

Jedem dritten Österreicher stinkt es zum Himmel, wenn unangenehme Gerüche und ungustiöse Spuren in der Toilette zurückbleiben. Daher gehört der Gang zum Klo eher zu den unerfreulichen Tätigkeiten eines Menschen. Alleine der Gedanke daran, für ein dringendes Bedürfnis ein öffentliches Klosett aufsuchen zu müssen, löst bei vielen ein Ekelgefühl aus.

Eines muss man den Römern lassen. Was das „Stille Örtchen" betrifft, waren sie im antiken Rom schon weit fortschrittlicher und aufgeschlossener als wir es heute sind. Dem Gang zur Toilette haftete nichts Unanständiges oder Anrüchiges an. Ganz im Gegenteil. Das Klo nahm eine zentrale gesellschaftliche Funktion ein. Wohlhabende Römer suchten regelmäßig öffentliche Badehäuser auf, um nicht alleine auf der Toilette sitzen zu müssen. Häufig unterhielten sich bis zu 20 „Geschäftspartner" gleichzeitig, während ihre Notdurft unter ihren Sitzlöchern in die Kanalisation geschwemmt wurde. Gelegentlich waren auch Sänger und Künstler anwesend, die sich aber ausschließlich darum kümmerten, für musikalische Abwechslung zu sorgen. Mit dem Untergang des römischen Reiches im 5. Jahrhundert nach Christus ging auch die sanitäre Hochkultur schon bald verloren. Heute macht das „Stille Örtchen" seinem Namen wieder alle Ehre. In der Regel ist eine Klositzung eine intime Angelegenheit.

Auch wenn man mit dem Klo viel Unangenehmes verbindet, gehören die Toilette, das Klosett, die Latrine, der Donnerbalken, das Pissoir, das „00", oder wie man die sanitären Einrichtungen sonst noch nennt, aus hygienischer Sicht zu den größten Errungenschaften der Menschheit. Da Gmunden nicht nur eine oberösterreichische Keramikstadt, sondern auch Heimat eines Sanitärausstatters ist, nimmt man sich dem Thema hier ganz besonders an. Im sogenannten „Klo & So" in der Kammerhofgasse 8 erfährt man ohne unangenehme Gerüche ausführlich, wie sich die Klokultur zumindest in den vergangenen drei Jahrhunderten weiterentwickelt hat. Dabei handelt es sich nicht um eine Großraumtoilette für Menschenmassen, was man annehmen könnte, wenn man auf einen Blick Dutzende Klomuscheln zu sehen bekommt, sondern um ein einzigartiges Museum für historische Sanitäranlagen, das die Reinlichkeit in den verschiedenen Epochen dokumentiert, das hygienische Bewusstsein der Menschen zeigt, das Klosett als Wohnaccessoire oder als Reiseutensil präsentiert, und das WC an sich als wandelndes Objekt für Notdurft darstellt. Der Themenkomplex ist nicht nur ernst gemeint, er lässt auch viele humorvolle Momente zu. Die Ausstellungsstücke sind vielfältig und reichen vom berühmten Plumpsklo („Herzerlhaus") über Flach- und Tiefspüler, Leibschüssel, Badewanne, Urinal bis hin zu Bidet (Sitzwaschbecken) und Bourdaloue (anatomisch geformtes Uringefäß für Frauen). Auch die Beschriftungen neben den 200 Exponaten liefern viele weitere und heitere Gründe, um Schmunzeln zu müssen. Zum Beispiel ist mit „Siebensoacher" ein Nachttopf gemeint, der für insgesamt sieben nächtliche Sitzungen bemessen war: also meist für zwei Erwachsene und fünf Kinder.

Bei all den lustigen Inhalten darf natürlich auch die ernste Seite der Klogeschichte nicht zu kurz kommen. Kaum ein anderes Thema hat in der Vergangenheit mehr Entwicklungen durchgemacht, wie die sanitäre Körperkultur. Sie war über Jahrhunderte geprägt von Sauberkeitswahn, Schmutz, Gestank und Seuchen. Während sich die Römer und später auch Adelige im Mittelalter in öffentlichen Bädern aufhielten, folgte im 18. Jahrhundert eine Zeit, in der die Menschen mit Wasser offenbar auf Kriegsfuß standen und damit wenig anzufangen wussten. Ärzte nahmen damals sogar an, dass Wasser den Körper schädigen könnte. Was sie sagten, überzeugte die Menschen. Bürger, die mit der Zeit gehen wollten, hielten sich vom Wasser fern und halfen mit Duftstoffen nach, um zumindest reinlich zu riechen. Erst in der zweiten Hälfte des 18. Jahrhunderts nahm die Hygiene in der Gesellschaft wieder eine größere Bedeutung ein.

Der allererste, dem es gelang, ein absolut geruchloses WC zu entwickeln, war der Engländer Alexander Cumming. Er meldete 1775 ein Klosett beim Patentamt an, dessen Abflussrohr doppelt gekrümmt war, damit das Wasser die unangenehmen Gerüche zurückhalten konnte. Das Prinzip des Siphons, also des Geruchsverschlusses, war erfunden und ist auch heute noch in jeder Toilette eingebaut. In der „Evolution" der Klokultur brachte Keramik einen weiteren entscheidenden Fortschritt, um Toiletten nicht nur geruchlos, sondern vor allem auch robust, wasserdicht und hygienisch zu machen. Wer der tatsächliche Erfinder des vollkeramischen, freistehenden Klos war, kann nicht restlos geklärt werden. Einer der ersten Erzeuger war aber bestimmt die englische Manufaktur „Twyford", die schon im Jahr 1883 mit der Serienfertigung des Flachspülers „Unitas" begann. Ein solches Klomodell, das den Produktionsstempel aus dem Jahr 1898 besitzt, ist im Raum Nummer 9 ausgestellt. Noch weit mehr interessante und unterhaltsame Geschichten kennt Kurator Alfred Zinhobl, der immer wieder persönlich durch das kuriose Klomuseum führt. Immerhin war er fast 50 Jahre lang beim örtlichen Sanitärausstatter „Laufen" beschäftigt.

Der Gründer der Ausstellung war allerdings jemand anderer. Der ehemalige Werksdirektor Fritz Lischka (1920–2004) trug nach und nach historische Sanitärstücke zusammen. Durch Zufall kam es zum systematischen Aufbau des Klomuseums. 1966 fand Lischka auf einem Bauschutthaufen in Gmunden ein fast unbeschädigtes WC mit dem Aufdruck „R.D.Z. – Rudolf Ditmar Znaim" aus dem Jahr 1904. „R.D.Z." war eine bedeutende Keramikfabrik in Tschechien, die im Eigentum eines Vorgängerunternehmens von Laufen war. Das WC mit dem Namen „Simplon" wurde zum „Opus 1" und

bildet den Grundstein für eine konsequent wachsende Sammlung. Übrigens: Warum häufig Keramikklos blau verziert sind, kann Zinhobl mit seinem fachlichen Wissen einfach beantworten. „Das hat weniger mit der Schönheit als viel mehr mit dem Nutzen zu tun. Blau ist eine kalte Farbe. Daher meiden viele Fliegen solche kühl wirkenden Flächen", erklärt der Kloexperte.

Nicht jedes Ausstellungsstück lässt sich auf den ersten Blick als Klosett identifizieren. Manche Exponate erkennt man erst mit offenem Deckel. Die einen sind als Reisekoffer, Bücherstapel oder als Biedermeier-Möbelstück mit Nussfurnier und Intarsien, die anderen als Plüschhocker oder Strohsessel getarnt. Besonders sehenswert sind auch jene Objekte, die von bekannten Adeligen einmal oder öfter benützt wurden und deswegen als exquisite Stücke Teil der Ausstellung sind. Auf einem Zimmerbidet von 1887/90, mit Buntdekor und Mattgold, saß Kaiserin Sisi, als sie in ihrem Schloss Achilleion auf der griechischen Insel Korfu Pipi machen musste. Ein mobiles Klosett stammt von der kaiserlichen Jagdhütte auf der Spitzalm (Höllengebirge in Oberösterreich) und soll ziemlich sicher Kaiser Franz Joseph I. gehört haben. Zu sehen gibt es auch ein Zimmerbidet aus dem Privatbesitz von Kronprinz Rudolf. Weniger luxuriöse Wege musste das Volk finden, um rechtzeitig seine „Geschäfte" tätigen zu können. Wenn es während einer Heiligen Messe eng wurde, hatten vornehme Frauen vorsorglich ihr Bourdaloue dabei. Benannt wurde es übrigens nach dem Jesuitenpater Louis Bourdaloue, der die Angewohnheit hatte, stundenlang zu predigen. Und genau deswegen hatten viele Frauen ihr nützliches Gefäß in die Kirche mitgenommen. Brauchbar war das weibliche Uringefäß aber nur dann, wenn die Damen unter dem weiten

Kleid auch die weiße, sogenannte „Schnellschuss-Unterwäsche", die nach unten hin offen war, trugen.

Geöffnet ist das Klomuseum Mittwoch bis Sonntag von 10 bis 17 Uhr. Von Juni bis August wird schon ab Dienstag aufgesperrt. Im selben Haus können auch das Kammerhofmuseum und das Volkskundemuseum besucht werden.

Klomuseum „Klo & So"
Kammerhofgasse 8
4810 Gmunden
www.k-hof.at

Gisela
steht unter Dampf

Trotz ihres hohen Alters sieht „Gisela" noch frisch und sportlich aus. Wenn sie in See sticht, spürt man ihre Kraft und Ausdauer. Sie schnauft mit Volldampf und gleitet elegant über das Wasser. Und das ist, mit mehr als 140 Jahren auf dem Buckel, nicht selbstverständlich. Immerhin waren schon mehrmals kostspielige „Kuraufenthalte" notwendig, damit Gisela vital bleibt wie an ihrem ersten Tag. Wenn es vor ungefähr drei Jahrzehnten nicht mehrere Idealisten gegeben hätte, die um ihr Leben kämpften, wäre die Grande Dame der österreichischen (Dampf-)Schifffahrt längst im Traunsee bei Gmunden in Oberösterreich untergegangen. Sie war bereits dem Tod geweiht, als sie aufgrund vieler sichtbarer Wunden 1980 keine Betriebsgenehmigung mehr erhalten hatte. Eine nostalgische Schiffskatastrophe bahnte sich an. Einer ihrer Verehrer, Karlheinz Eder, Chef der Traunseeschifffahrt, kann sich noch an viele kritische Statements erinnern: „Schneids' es zam, die oide Kistn." Doch als eine einzigartige Rettungsaktion erfolgreich verlief, verstummten alle böswilligen Stimmen rasch wieder. Heute sind sowohl die Tourismusverbände als auch Gastronomiebetriebe in der Region froh, dass zumindest Gisela noch am Leben ist. Sie ist nicht nur einer der ältesten Schaufelraddampfer der Welt, sondern auch das erste schwimmende Objekt, das in Österreich unter Denkmalschutz gestellt wurde. Obendrein ist sie das erste schwimmende Postamt Österreichs.

So viel Glück wie Gisela hatten ihre dampfenden Schwesternschiffe „Sophie" und „Elisabeth" am Traunsee nicht.

Während Sophie 1920 an einen dubiosen Geschäftsmann verkauft wurde, kam Elisabeth ungefähr vier Jahrzehnte später zur Verschrottung. Nur Gisela wurde zwischen 1981 und 1986 generalsaniert. Zur Freude vieler versprüht die alte Dame nach wie vor einen Hauch Nostalgie und ein imperiales Lebensgefühl aus der Zeit der Donaumonarchie.

Gisela ist nicht nur eine historische Schönheit, sie besitzt auch einen wertvollen Schatz der ehemaligen Ingenieurskunst. Sie verfügt über die letzte noch aktiv im Dienst stehende oszillierende Verbunddampfmaschine der Welt, die 1870 in den Prager Maschinenbau-Werken konstruiert und gefertigt wurde. Oszillierende Motoren waren Mitte des 19. Jahrhunderts Standard im Schiffsbau und beim Personal beliebt, weil sie zuverlässig waren. „Das Besondere ist, dass ein nur 173 PS starker Motor das 190 Tonnen schwere Schiff bewegen kann. Der Motor hat keine Kupplung. Das heißt, sobald man den Schieber aufmacht, wirkt die Welle sofort und das Schiff fährt los", erklärt Karlheinz Eder. Auch andere Eckdaten von Gisela hat er parat: Sie ist mehr als 50 Meter lang und neun Meter breit. Die seitlich montierten Schaufelräder besitzen zwölf exzentrisch gesteuerte Radschaufeln aus Holz, die so eingestellt werden können, dass immer ein optimaler Wirkungsgrad für den Antrieb vorhanden ist. Anders als bei modernen Schiffen kann Gisela nur vor- und zurückfahren, weil die Schaufelräder nicht einzeln gesteuert werden können.

Auch heute noch steht das historische Dampfschiff im Dienst der privaten Traunseeschifffahrt, die seit gut 175 Jahren Personenfahrten durchführt. Gisela kann jederzeit für eigene Veranstaltungen wie Hochzeiten, Firmenfeiern, Geburtstage und Produktpräsentationen gemietet werden. Die Gesamtkapazität beträgt 250 Personen. Im Oberdeck befinden sich 48, im Unterdeck (1. Klasse) 28 und in der 2. Klasse 32 Sitzplätze. Der Rest sind Stehplätze. Ursprünglich hatte Gisela, für die am Anfang sechs Besatzungsmitglieder im Dienst standen, noch die Erlaubnis, 501 Passagiere zu befördern.

Gebaut wurde Gisela im Jahr 1870 nach den Plänen von Joseph John Ruston, der in Wien-Floridsdorf eine eigene Werft betrieben hatte. Nachdem sie fertiggestellt war, wurde das größte Traunseeschiff wieder in seine Einzelteile zerlegt, um es mit der Bahn nach Rindbach bei Ebensee bringen zu können. Dort wurde es zusammengesetzt, was wieder mehrere Monate dauerte. Im Frühjahr 1872 wurde das nagelneue Schiff schließlich ins Wasser des Traunsees gelassen.

Benannt ist das Schiff nach der zweiten Tochter von Kaiserin Elisabeth und Kaiser Franz Joseph. Gisela Louise Marie, Erzherzogin von Österreich, Prinzessin von Bayern (1856–1932), hatte ein ähnlich turbulentes Leben wie ihr schwimmendes Pendant. Gisela litt vor allem am schwierigen Verhältnis zu ihrer Mutter, Kaiserin Sisi. Als sich ihr jüngerer Bruder, Kronprinz Rudolf, mit dem sie eine enge Geschwisterbeziehung pflegte, das Leben nahm, brach für sie eine Welt zusammen. Seinen Selbstmord konnte Gisela nicht überwinden. Nach dem Zusammenbruch der Donaumonarchie musste sie mit ihrem Ehemann Leopold, Prinz von Bayern, aus ihrer Heimat München flüchten. Da sich Gisela aber immer wieder sozial und kirchlich engagierte, erntete sie nach und nach Sympathiepunkte und wurde schließlich als normale Bürgerin akzeptiert. Nicht nur ein Dampfschiff ist nach ihr benannt, sondern auch eine österreichische Eisenbahnstrecke: Die Giselabahn führt von Salzburg über Zell am See bis nach Wörgl in Tirol.

Um nach Bad Ischl in Oberösterreich zur Sommerresidenz
zu gelangen, waren die Habsburger damals sowohl auf den
Land- als auch auf den Seeweg angewiesen, weil Straßenverbindungen – vor allem zwischen Gmunden und Ebensee –
noch schlecht waren. Für imperiale Personentransporte wurde
das Dampfschiff Gisela extra mit einer „Kaiserkabine" ausgestattet, die sich im Schiffsheck befand. Zwischen 1850 und
1880 erreichte die Dampfschifffahrt am Traunsee ihre Blüte-
zeit. Sowohl die Nachfrage nach Frachtenfahrten (vor allem
für Salztransporte) als auch die Ausflugsfahrten schnellten
rasant in die Höhe.

Mehr als 140 Jahre später hat es Gisela dem Verein „Gesellschaft der Freunde der Stadt Gmunden" zu verdanken, dass sie
für 18 Millionen Schilling (1,3 Millionen Euro) Sanierungskos-
ten erhalten blieb. Zum Einsatz kommt Gisela regelmäßig

zwischen Mitte Mai und Anfang Oktober, wenn sie nicht gerade eine kurze Verschnaufpause in der Werft einlegen muss. Anders als ihre jüngeren „Kollegen" ist sie auf mehr Personal angewiesen. Insgesamt vier Personen sind heute notwendig, um das Dampfschiff bedienen zu können. Dazu gehören ein Kapitän, ein Maschinist, der zugleich Heizer ist, ein Matrose und eine Buffetdame. Bevor es „Leinen los" heißt, muss eine Anheizzeit von ungefähr drei bis vier Stunden einkalkuliert werden, damit Gisela auf Betriebstemperatur kommt. Wie bereits erwähnt, befindet sich auf dem Schiff auch das „erste schwimmende Postamt Österreichs". Passagiere haben die Möglichkeit, Briefe und Ansichtskarten vom Schiff aus in alle Welt zu schicken. Auf dem Poststempel steht: „Interessentenpoststelle Raddampfer Gisela, 4810 Gmunden".

Traunseeschifffahrt Karlheinz Eder GmbH
Sparkassegasse 3
4810 Gmunden
www.traunseeschifffahrt.at

High, higher, Haifisch

Obwohl das Gebiet steinig, kalkhaltig und staubtrocken ist, wird man auf der oberösterreichischen Seite des Dachsteins von einer Meeresbestie begrüßt. Sie hat Ähnlichkeit mit jenem blutrünstigen Raubfisch, der als „Weißer Hai" im gleichnamigen Blockbuster Ende der 1970er- und Anfang der 1980er-Jahre in die Kinogeschichte einging. Seitdem hat der Haifisch ein noch viel größeres Imageproblem als ohnehin schon. Verständlich in Anbetracht der spitzen und furchterregenden Beißerchen. Auch wenn man weiß, dass der Hai in allen Ozeanen der Erde zu Hause ist und große Strecken zurücklegen kann, fragt man sich, warum eine rostigrote Metallnachbildung ausgerechnet den Weg ins wasserlose Steinmeer des Dachsteins oberhalb von Obertraun gefunden hat.

Wenn Dietmar Tröbinger, Geschäftsführer der oberösterreichischen Seilbahnholding, von „einem neuen touristischen Highlight" spricht, das als Bergattraktion aufgestellt wurde, um Touristen anzulocken, meint er eigentlich ein „Hai-Light". Es ist jedoch nicht nur als Gag gedacht, sondern soll gewissermaßen auch einen selbst gewählten Bildungsauftrag erfüllen. Sobald man die steinige Oberfläche erkundet, wird einem der Beweggrund für die Installation der Figur immer klarer. Tatsache. Die Neuansiedlung des Haifischs ist nichts anderes als seine späte Rückkehr auf das Dachsteinmassiv. Inmitten seines früheren Jagdreviers, das sich vormals natürlich nicht hoch oben, sondern auf Meeresniveau befand, kann der urzeitliche Jäger bestaunt und besichtigt werden. Die metallene Skulptur ist zwar völlig statisch, bietet allerdings die Gelegenheit, einen Panoramablick aus dem Maul des Tieres auf den Dachstein Gletscher und dessen Umgebung zu werfen.

Um die Geschichte des Dachsteins zu verstehen, macht es freilich Sinn, die Zeit zurückzudrehen. Vor ungefähr 180 Millionen Jahren, vor dem Auffalten der Alpen, war das jetzige Dachsteinmassiv ein weitläufiger Boden des damaligen Urzeitmeeres. Als die fünf zusammenhängenden Kontinente Europa, Asien, Amerika, Afrika und Australien in ihre Einzelteile zerfielen, entstand beim Auseinanderdriften zwischen der europäischen und der afrikanischen Platte ein großes Meer, das den Namen „Tethysmeer" trug.

Die Kontinentalverschiebung, die sich vor 100 bis 200 Millionen Jahren abspielte, legte nicht nur Österreich und die Umgebung trocken, sie ließ auch eine Gebirgskette entstehen. Das Tethysmeer verschwand, als sich ozeanische Gesteinsplatten in einen Tiefseegraben unter das Festland des afrikanischen Kontinents schoben. Als zwischen den beiden Kontinenten kaum noch Platz war, kam es zu einem heftigen Zusammenprall. Aufgrund des immensen Drucks wölbte sich das Gestein zu einem Faltengebirge, unseren Alpen. Noch immer bewegen sich die afrikanische und europäische Platte aufeinander zu, was wir Menschen aber nicht spüren, weil das Wachstumspotenzial der Alpen pro Jahr lediglich im Millimeterbereich liegt. Geologen gehen davon aus, dass auch das Mittelmeer ein ähnliches Schicksal ereilen wird. Sie nehmen an, dass in etwa 80 Millionen Jahren anstelle des Mittelmeers eine neue Gebirgskette zum Vorschein kommen wird.

Wer erdgeschichtlich interessiert ist, hat am Dachstein eine riesige Fundgrube, die als Grundlage für eine ausführliche und historische Entdeckungsreise dient. Der Heilbronner Rundwanderweg am Fuß des Dachsteingebirges bietet ein Fossilienmeer, das auch heute noch viele versteinerte Krustentiere und Ablagerungen aufweist. Auf Schautafeln kann man mehrere Millionen Jahre zurückblicken. Zirka eine halbe Stunde dauert der Weg von der Bergstation der Krippenstein-Seilbahn bis zum Dachstein-Hai, der in Richtung Heilbronner Kreuz zu entdecken ist. „Unseren Haifisch kann man auch als Fotopoint nutzen und in Szene setzen. Im Hintergrund bildet der Dachsteingletscher eine tolle Kulisse", sagt Tröbinger. Über eine Leiter können die Besucher in das stählerne „Hai-Light" klettern.

Ein anderes Highlight war die Übersiedlung des Haifischs im August 2013 aus dem Hallstättersee auf den Krippenstein, die medienwirksam inszeniert wurde. Per Hubschrauber wur-

de der nachgebaute Eis-Hai, sprich Urzeit-Hai, vor mehr als 500 Schaulustigen auf das Dachsteinmassiv geflogen, wo er auf über 2.000 Metern Seehöhe felsenfest verankert wurde. Seitdem ist er – trotz seines gefährlichen Aussehens – ein Publikumsmagnet.

Nichts für schwache Nerven ist darüber hinaus eine Aussichtsplattform, die besser unter „5fingers" bekannt ist. Wie der Name schon sagt, besteht das Plateau aus fünf ausgestreckten Fingern, die 400 Meter über dem Abgrund einen Blick auf den Hallstättersee und das Innere Salzkammergut möglich machen.

Schräges und Spannendes hat aber auch die steirische Seite des Dachsteins zu bieten, die jedoch ausschließlich über Ramsau zu erreichen ist. Einen absoluten Nervenkitzel kann man erleben, wenn man die höchste Hängebrücke Österreichs betritt. Sie ist etwa 100 Meter lang, 63 Tonnen schwer und ermöglicht einen Blick mehrere 100 Meter in die Tiefe. Auch wenn viel Schnee gefallen ist, müssen sich die Gäste keine Sorgen machen. Die Brückenkonstruktion hält eine Belastung von 750 Kilogramm Schnee pro Quadratmeter aus. Unmittelbar daneben befindet sich die „Treppe ins Nichts". Genau 14 Stufen führen die Besucher auf eine kleine Plattform aus Glas. Bei ungetrübtem Kaiserwetter ist es durchaus möglich, über die ganze Steiermark bis zum slowenischen Triglav-Gebirge zu sehen. Auch der Eispalast ist um eine Kuriosität reicher. Wegen eines korrigierten Grenzverlaufs musste die steirische Gemeinde Ramsau zirka 25.000 Quadratmeter Dachsteingletscher an die benachbarte oberösterreichische Gemeinde Obertraun abgeben, was bedeutet, dass sich der Eispalast seit Jahresbeginn 2014 nicht mehr auf steirischem, sondern oberösterreichischem Boden befindet. Für die Besucher hat sich durch den ungewöhnlichen Ortswechsel aber nichts geändert. Der Eingang befindet sich nach wie vor nur drei Gehminuten von der Bergstation der Dachsteingletscherbahn entfernt. Und im Inneren des Eispalasts gibt es nach wie vor aus Eis geschnitzte Figuren, Säulen und einen Kristalldom zu entdecken.

Hai-Light, 5fingers
Dachstein Tourismus AG
Winkl 34
4831 Obertraun am Hallstättersee
www.dachstein-salzkammergut.com

Hängebrücke, Treppe ins Nichts, Eispalast
Dachstein Gletscherbahn Ramsau
8972 Ramsau am Dachstein 79
www.derdachstein.at

Ein Dorf
im Dorf

Die 2.300 Einwohner zählende Gemeinde Mönchhof im bur-
genländischen Seewinkel, Bezirk Neusiedl am See, gibt sich im
Internet durchaus selbstbewusst: „Der Tradition verbunden
und doch der Zeit voraus." Sie weiß anscheinend, welche Vor-
züge sie hat. Mönchhof sieht sich nicht nur als die älteste
Weinbaugemeinde Österreichs, sondern auch als Kurort, weil
mit „Marienkron" ein Kneipp-Kurhaus mitten in der Ortschaft
beheimatet ist. Die Gemeinde im „Hoadboden" (Heideboden),
wie man früher einen Teil des Seewinkels nannte, hat allerdings noch mehr im „Angebotsregal" liegen, was Touristen
und Besuchern unter Umständen gefallen könnte. Aus der Zeit
der Türkenkriege stammt der historische Wachturm, der zum
Schutz der Bürger um 1669 erbaut wurde. Nicht weit davon
entfernt befindet sich der Schüttkasten, der von den Zisterzien-
sermönchen aus Stift Heiligenkreuz seit 1673 als Weinkeller
und Getreidespeicher genutzt wurde und mittlerweile unter
Denkmalschutz steht. Die Zisterzienser waren es auch, die das
Gebiet um Mönchhof, deswegen wohl der Name, vor ungefähr
800 Jahren besiedelten. Sehenswert ist auch die barocke Pfarrkirche, die im 18. Jahrhundert von den Türken zerstört und
zwischen 1729 und 1731 wieder aufgebaut wurde.

Auch heute noch ist die Bautätigkeit in der Ortschaft relativ
hoch. Nicht nur, weil Mönchhof durch die Nähe zur A4 Ost-
Autobahn ein attraktives Gewerbegebiet besitzt und sich junge
Familien hier ansiedeln wollen. Josef Haubenwallner schupft
gemeinsam mit mehreren Helfern fast unununterbrochen Zie-

geln. Haubenwallner ist sozusagen Entsorger und Wiederver-
werter, wenn es um historische Alltagsbauten geht. Er errichtet
nämlich ein Dorf im Dorf. „Wir zerlegen ausrangierte Häuser,
meistens alte Bauernhäuser, und bauen sie auf dem Gelände
unseres Dorfmuseums wieder auf", erzählt der 65-Jährige, der
fast täglich nach weiteren, bäuerlichen Raritäten Ausschau
hält. Hinter seinem außergewöhnlichen Hobby verfolgt Haubenwallner ein persönliches Ziel. Er will die Alltagsgeschichte
seiner Heimatregion für die Nachwelt konservieren. „Leider ist
ein Großteil unserer alten bäuerlichen Welt schon verschwunden, weil man in den 1970er-Jahren auf den alten Bestand keinen Wert gelegt hat. Man war froh, dass die alten Häuser
abgerissen und entsorgt wurden", erzählt er. In seinem Dorfmuseum ist die einstige Welt noch zu erahnen und annähernd
spürbar. Bevor sich in der zweiten Hälfte des 20. Jahrhunderts
auch im Burgenland Asphaltdecken und Betonwände breit-
machten, waren landwirtschaftliche Maschinen so gut wie nicht
vorhanden. Auf den Feldern und Bauernhöfen dominierte
noch die Handarbeit. Was Haubenwallner in seinem Dorfmuseum anbietet, ist eine Zeitreise zurück in eine Vergangenheit, in der es einfache Bauernhäuser, dürftig ausgestattete
Werkstätten, schlichte Möbelstücke und primitive Gerätschaf-
ten gab. Die Besucher haben die Möglichkeit, sich in eine frühere Zeit zwischen 1890 und 1960 hineinzuversetzen, um zu
sehen, wie schwer die Menschen früher arbeiten mussten, und
welcher Aufwand notwendig war, um behaglich wohnen und
relativ unbeschwert leben zu können.

Seit dem Jahr 1990 ist Haubenwallners Privatsammlung,
die aus Tausenden Exponaten besteht, als Freilichtmuseum
öffentlich zugänglich. „Bereits mit zwölf Jahren habe ich mit
dem Sammeln alter Raritäten, wie etwa Grammofone, begon-

nen. Alte Dachböden sind dabei ein unerschöpflicher Fundus",
erzählt Haubenwallner. Was der gelernte Maurer, Fliesenleger
und Steinmetz auf einem ein Hektar großen Grundstück in
Mönchhof aufgebaut hat, ist bemerkenswert und faszinierend.
Manche bezeichnen ihn deswegen auch als Spinner, was er
aber keinesfalls als Beleidigung auffasst. Er steht dazu, dass er
einer ungewöhnlichen Sammelleidenschaft nachgeht, die nicht
alltäglich ist. Die einen sammeln Briefmarken, die anderen
Oldtimer und er halt alte Häuser.

Sein Dorfmuseum besteht derzeit aus insgesamt 30 Gebäuden. Sein Reich ist in drei Bereiche Unterteilt. Im ersten
Abschnitt geht es um die Grundlagen der damaligen Existenz-
sicherung. Haubenwallner versucht, für die Besucher folgende
Fragen zu beantworten: Wovon haben die Menschen früher
gelebt? Was haben sie angebaut und in welcher Form? Wie

haben sie die Früchte auf den Feldern geerntet? Und welche Produkte haben sie sich selber behalten? Gleich daneben wird erklärt, wie man den Haushaltsvorrat für den Eigenbedarf haltbar gemacht hat.

Der dritte Bereich ist zweifellos der spektakulärste Abschnitt. Im ehemaligen Weingarten der Familie Haubenwallner ist ein ganzes Dorf mit Volksschule, Gasthaus, Greißlerei, Kino (Lichtspiele), Gemeindeamt, Feuerwehrhaus, Postamt, Milchhaus, Werkstätten, Zollhaus samt Grenzbalken und einer „Halbwirtschaft" aufgebaut. Eine Halbwirtschaft war einst eine typisch burgenländische Wirtschafts- und Wohnform, um eine Landwirtschaft weiterzuführen. Ein Anwesen, das sich vorher im Eigentum eines einzelnen Bauern befand und später auf zwei Besitzer aufgeteilt wurde. Das Gehöft einer gut situierten Weinbauernfamilie bestand neben dem Wohnhaus aus zahlreichen Gebäuden wie Wirtschaftskammer, Viehställen, Wagenschuppen, Stadel und Weinkeller. Besucher können sich darin umsehen und viele Einrichtungsgegenstände bestaunen. Gleich vis-à-vis gibt es die Wohnräume des dörflichen Bäckers, seine Backstube und sein kleines Geschäft zu entdecken. Auch ein Weinbauer und ein Bäcker konnten früher eine Halbwirtschaft bilden. Wer noch nicht genug Alltagsleben gesehen hat, kann auch in die Welt der alten Handwerksberufe eintauchen: Wagner, der früher Holzräder fertigte, Fassbinder, Sattler, Seiler, Besen- und Bürstenbinder sind fast schon ausgestorbene Berufe.

Früher durfte der göttliche Beistand genauso wenig fehlen wie ein geselliger Ort zum Verweilen, um über die Nachbarschaft lästern zu können. Daher gibt es auf dem Gelände einerseits eine eigene Kirche mit Krypta, die laut Haubenwallner zur stillen Einkehr einlädt, andererseits ein rustikales

Dorfwirtshaus. Dieses stand früher tatsächlich in Mönchhof und konnte samt seiner Einrichtung im Freilichtmuseum wieder annähernd wie einst aufgebaut werden. Wenn im Wirtshaus ausnahmsweise einmal die Gesprächspartner fehlen, kann der Wurlitzer mit den alten Schellackplatten angeworfen werden. Insgesamt acht Mitarbeiter kümmern sich um ein pulsierendes Dorfleben.

Auch wenn Haubenwallner schon mehr als zwei Dutzend Häuser „gesammelt" hat, ist er noch lange nicht am Ende angelangt. Platz hat er noch genug. „Gleich hinter der Kirche besitzen wir einen weiteren Grund mit einer Fläche von einem Hektar", verrät der 65-Jährige, der weitere seltene Bauwerke zeigen will: „Mir ist wichtig, dass die Nachwelt einen breiten Einblick bekommt, wie man früher auf dem Land gelebt hat." Sobald als möglich wird es auch einen 150 Jahre alten Bahnhof und ein historisches Fotogeschäft zu bewundern geben. Ein ähnliches „Museumsdorf" gibt es übrigens auch in der Weinviertler Ortschaft Niedersulz im niederösterreichischen Bezirk Gänserndorf.

Dorfmuseum Mönchhof
Bahngasse 62
7123 Mönchhof
www.dorfmuseum.at

Die Jade des Südburgenlandes

Manchmal braucht es viel Zeit, damit aus einem ganz unscheinbaren Ding etwas ganz Besonderes wird. Kohlenstoff etwa, der durch Druck zu Diamant wird. Oder auch Baumharz der Urzeit, das über Millionen von Jahren zu einem wunderbar leuchtenden Material wird – dem Bernstein. So heißt auch eine Gemeinde im Burgenland, und zwar nicht ohne Grund, denn der Ort ist mit dem Schmuckstein seit Jahrtausenden eng verbunden. Und hier kann man auch in einem außergewöhnlichen Museum über diesen und andere Steine einiges in Erfahrung bringen.

Kurios scheint zu sein, dass der kleine Ort im Bezirk Oberwart zwar Bernstein heißt, dass es hier aber weit und breit keinen Bernstein gibt oder jemals gab. Der 1388 erstmals urkundlich als „Dorf unter der Burg Borostyán gelegen" erwähnte Ort hat dennoch eine Beziehung zum goldig schimmernden Edelstein – hier verlief ein Teil der berühmten Bernsteinstraße, auf der der beliebte Stein seit dem Altertum von den Fundstellen an der Ostsee nach Süden gebracht wurde. Die Geschichte von Bernstein (dem Ort) ist trotzdem keine glitzernde, sondern eine steinige: Seit dem 12. Jahrhundert wurde hier Bergbau betrieben. Gegraben wurde nach Eisen, Schwefel, Silber und Gold. 1860 machten dann der Drechslermeister Josef Höfer und Pfarrer Ratt eine besondere Entdeckung: Einen grünen Halbedelstein, den Edelserpentin. Durch diese „österreichische Jade", die sich gut bearbeiten lässt, wurde Bernstein weltberühmt, denn es handelt sich um den einzigen Fundort weltweit.

Die ganze felsige Geschichte des Bergbaus in Bernstein kann man im dortigen Felsenmuseum kennenlernen. Besucher begeben sich in die unterirdischen Stollengänge, wo – so verspricht es die Museumsleitung – die Vergangenheit lebendig wird. Bestaunt werden können auch historische Maschinen und Werkzeuge, die in früheren Zeiten für die Förderung verwendet wurden. Naturgetreue Modelle zeigen die verschiedenen Abbaumethoden, von den ersten, simplen Stollen bis zum modernen Steinbruch.

Die Herren des unterirdischen Reiches sind Niko Potsch und seine Frau Christine. Der Bergbau und die Liebe zu den Steinen liegen sozusagen in der Familie. Denn der Drechslermeister Adolf Höfer, der als erster erkannt hatte, wie Edelserpentin zu bearbeiten ist, und der verschiedene Schmuck- und

Ziergegenstände daraus fertigte, war ein direkter Vorfahre der Familie Potsch. Im Museum ist auch eine 150 Jahre alte Drechslerwerkstatt zu bewundern, wo die mühevolle Bearbeitung des Edelserpentins veranschaulicht wird. Und der Vater von Niko Potsch, Otto Potsch war es auch, der schon vor mehr als 35 Jahren den Grundstein für das Museum legte.

Mit 21 Jahren legte Otto Potsch die Meisterprüfung für das Drechslergewerbe ab, 1966 gründete er die erste Kunstwerkstätte. Aus Edelserpentin fertigte er kunstvolle Figuren. Er war vermutlich auch der erste Europäer, der eine „chinesische Sphärenkugel" nicht aus Elfenbein, sondern aus Edelserpentin schuf. Weil er seit seiner Jugend alles sammelte, was mit seinem steinigen Beruf zu tun hatte, entstand die Idee zu einem Museum. 1976 bis 1980 wurde diese Idee dann in Form des Bernsteiner Felsenmuseums in die Tat umgesetzt.

Natürlich ist dem Edelserpentin ein großer Teil der Ausstellung gewidmet. Die Förderung des gesuchten Materials war aufwendig. Für einen einzigen Kubikmeter mussten mehr als 2.000 Kubik „gemeiner Serpentin" abgebaut werden. Letzterer findet in der Kunststeinindustrie und im Straßenbau Verwendung. Der edle Verwandte schimmert in unzähligen Grünnuancen und soll eine beruhigende und harmonisierende Wirkung haben, sagt jedenfalls die Steinheilkunde.

Nach zweijähriger Planungszeit wurde das Felsenmuseum 2014 übrigens umgestaltet und mit neuen Inhalten wiedereröffnet. Es gibt drei neue Ausstellungen zu bewundern. „Die Edelserpentinsammlung ist zu sehen, mit Exponaten von ehemaligen Edelserpentinschleifern aus Bernstein", erklärt Niko Potsch. Dem Lebenswerk von Otto Potsch als vielseitigem Künstler ist ein weiterer Teil des Museums gewidmet. „Es ist ein Querschnitt seiner künstlerischen Laufbahn mit noch nie gezeigten Werken. Er ist Bildhauer, Maler, Bernsteinschnitzer und auch Fotograf", sagt Niko Potsch. Ein anderer Teil der Ausstellung, „Der Bernstein-Magier – Faszinationen im Bernstein", beschäftigt sich mit der Fotografie. „Hier werden Fotos von Einschlüssen im Bernstein gezeigt." In den Stollen können die Besucher natürlich weiterhin Bergwerksluft schnuppern. Wer selbst am Edelserpentin sein Geschick versuchen will, der kann einen Schleif-Workshop besuchen. Und schließlich darf auch der Bernstein, der dem Ort seinen Namen gegeben hat, mit Informationen und Schauobjekten nicht fehlen. Mehr als 10.000 Besucher kommen pro Jahr ins Museum.

Bernsteiner Felsenmuseum
Hauptplatz 5
7434 Bernstein
www.felsenmuseum.at

Die brennendste Ortschaft Österreichs

In der Hölle ist es vermutlich um eine Spur wärmer. Aber auch im südlichen Burgenland geht es heiß her. Franz Hoanzl, Bürgermeister von Kukmirn, behauptet, dass seine Ortschaft das „brennendste Dorf Österreichs" ist. Auch wenn der Ort mit der feurigen Unterwelt nichts gemeinsam hat, ist seine Argumentation durchaus berechtigt. Immerhin hat die rund 2.000 Einwohner zählende Gemeinde die größte Schnapsbrennerdichte Österreichs. Viele Einheimische sind sogar der nicht ganz ernst zu nehmenden Meinung, dass die Außentemperatur um zwei Grad Celsius ansteigt, wenn alle Schnapsbrennereien in Kukmirn gleichzeitig auf Hochtouren laufen. Mehr als 30 Betriebe machen aus den verschiedensten Obstsorten die edelsten Schnäpse und Brände der Region, die vor allem ab Hof verkauft werden. Höchstwahrscheinlich war die Umgebungsluft früher noch um das eine oder andere Grad höher, wenn man bedenkt, dass vor ungefähr 100 Jahren fast in jedem Haus in der Region gebrannt und beinahe alles zu Schnaps verarbeitet wurde, was aus der umliegenden Natur herauszuholen war. Die ältesten heute noch genutzten Brennereilizenzen gehen übrigens bis auf Kaiserin Maria Theresia zurück.

Kukmirn und seine Umgebung sind nicht nur eine Schnapsbrennerregion im südburgenländisch-oststeirischen Thermenland, sondern auch regionales Zentrum des Erwerbsobstbaus. Nicht von ungefähr wird der Ort auch als burgenländisches „Apfeldorf" bezeichnet, dessen berühmte Apfelsorte „Golden Delicious" zum Bekanntheitsgrad der Ortschaft

wesentlich beigetragen hat. Das pannonische Klima, vulkanische Hänge und ungefähr 300 Sonnentage pro Jahr bieten die optimalen Voraussetzungen, um im gesamten Gemeindegebiet verschiedenste Obstsorten auf einer Fläche von insgesamt 400 Hektar ernten zu können. Den Weg in die Bottiche der Schnapsbrennereien finden aber nicht alle Sorten, sondern nur jene Früchte, die traditionellerweise zu hochprozentigen Tropfen veredelt werden, und beim Großteil der Kunden Anklang finden. Dazu gehören Marillen, Zwetschken, Himbeeren und Birnen.

Wer in Kukmirn den Hinweisschildern mit der Aufschrift „Edelbrände" oder „Ab-Hof-Verkauf" folgt, bekommt die Möglichkeit, Grundkenntnisse der hohen Schnapsbrennkunst zu erfahren. In den meisten Brennereien dürfen hochprozenti-

ge Tropfen – im Durchschnitt hat ein Edelbrand 40 Volumen-
prozent Alkohol – auch verkostet werden. Allerdings sollten
Gäste folgende Ratschläge beachten, um böse Überraschungen
zu vermeiden: Entweder Sie suchen sich rechtzeitig ein Quar-
tier, oder Sie kümmern sich noch frühzeitig um einen nüchter-
nen Autofahrer, der Sie nach der Verkostung nach Hause oder
in Ihre Unterkunft bringt. Wenige Stamperl reichen nämlich
schon aus, um als Autofahrer rasch die erlaubte Höchstgrenze
von 0,5 Promille Alkohol im Blut zu erreichen. Wissenswertes
und einen informativen Überblick über die Geschichte der
edlen Tropfen aus der Region bietet auch das Schnapsbrenne-
reimuseum in Neusiedl bei Güssing, das von Ende April bis
Mitte Oktober geöffnet hat. In einem über 200 Jahre alten
Bauernhaus gibt es beispielsweise die unterschiedlichsten
Brennereianlagen und Techniken zu sehen.

Wer sich näher mit der Historie der Gegend beschäftigt,
wird erfahren, dass Kukmirn früher ein bekanntes Weinbau-
gebiet war. Der Grund für dessen Untergang war die unver-
schämte Reblaus, die Ende des 19. und Anfang des 20. Jahrhunderts überaus gefräßig war und große Schäden in den
Weingärten angerichtet hatte. Die örtlichen Bauern mussten
eine weitreichende Entscheidung treffen, die dazu führte, dass
Weingärten aufgelassen wurden und der Fokus nur noch auf
dem Obstbau lag. Zirka ein Jahrhundert später zeichnet sich
ein neuerlicher Wandel ab. Seit wenigen Jahren entwickelt sich
eine neue regionale Weinbaugeneration. Immer mehr junge
Burgenländer nehmen den europaweit spürbaren Trend zu
hochwertigen Weinen zum Anlass, um Winzer zu werden.
Mehrere Landwirte haben begonnen, auf ihren Hängen wieder
Weinreben anzupflanzen. Die ersten Trauben konnten bereits
geerntet und zu Weiß- oder Rotweinen verarbeitet werden.

Schon seit jeher gilt das Burgenland aufgrund des milden Klimas – das wussten schon die Römer – als optimale Region, um Trauben zu Topweinen zu keltern. Die bekanntesten Sorten: Blaufränkisch, Merlot, Welschriesling und Zweigelt. Auch der Uhudler erlebt im Südburgenland eine Renaissance, nachdem er Ende der 1980er- und Anfang 1990er-Jahre wegen der Verschärfung des österreichischen Weingesetzes verboten war.

Die Region um Kukmirn hat nicht nur Flüssiges zu bieten, sie lädt auch zu sportlichen Aktivitäten ein. Die „Bewegungsarena Kukmirn" verfügt über neun markierte Wanderstrecken mit unterschiedlichen Längen und Schwierigkeitsgraden, die entweder mit dem Wanderstock, mit Nordic-Walking-Stöcken oder nur mit Laufschuhen bewältigt werden können. Exotisch-Tierisches gibt es am Elfenhof in Neusiedl. Dort leben Lamas, die für längere Wanderungen gebucht werden können.

Apfeldorf Kukmirn
Dorfplatz 2
7543 Kukmirn
www.kukmirn.at

Sagenhafter Stoagupf

Womit kann eine Streusiedlung mit gerade mal 700 Einwohnern und einem 360 Meter hohen Hügel im südlichen Burgenland auffallen, um als skurril oder zumindest originell eingestuft zu werden? Auf diese Frage findet man rasch eine Antwort: Auf dem denkmalgeschützten „Stoagupf", wie der Steinberg in Grieselstein in der Gemeinde Jennersdorf im Burgenland im Volksmund genannt wird, erstrahlt jede Nacht inmitten eines Waldstücks eine aus EU-Mitteln geförderte Hausattrappe, die mithilfe von weiß leuchtenden Lichterketten einen Gebäudeumriss inklusive Fenster und Türen zeigen soll. Mit dieser besonderen Form der Darstellung will man an ein versunkenes Schloss erinnern. Doch nicht selten bringt sie Touristen auf die Idee, an dieser Stelle nach einem Heurigenlokal zu suchen. Fehlanzeige! Die Scheinfassade sieht nur so aus, als wäre sie die Leuchtreklame einer Buschenschank.

Der Ort mitten im Naturpark Raab ist aufgrund der sanften Landschaft trotzdem sehenswert und gleichzeitig sagenumwoben. Rund um die nicht existente Festung ranken sich bis heute Gerüchte und Legenden, die kurios genug sind, um hier auf Spurensuche zu gehen.

Eine Sage dreht sich um eine gefühlskalte Burgfrau: „In der Ortschaft Grieselstein, auf dem Steinberg, stand einst eine stolze Burg. Auf dieser lebte eine hartherzige Frau mit ihren Kindern. Am Fuße des Burgberges hauste eine arme Witwe mit ihren Kindern. Diese ging zur Burg und flehte um Brot. Die Burgfrau wies die arme Frau zurück und verhöhnte sie. Sie

nahm ein Stück Brot und reinigte damit die schmutzigen Kleider ihres Kindes. Über diesen Frevel empört, stieß die arme Frau eine Verwünschung aus. Wenig später zog ein heftiges Unwetter auf. Als dieses vorübergezogen war, war die Burg mit all ihren Bewohnern versunken. Die Stelle, wo einst die stolze Burg stand, weiß niemand. Fände sie einer, könnte er dort nachgraben und einige nützliche und kostbare Dinge zutage fördern."

Sage hin oder her: Historische Niederschriften und Erzählungen liefern tatsächlich mehrere Anhaltspunkte, die belegen sollen, dass es auf dem Steinberg einst eine Festung gegeben hat. Ein spannendes Detail offenbart etwa ein im Jahr 1834 in Wien erschienenes Buch von Malachias Koll. Der Zisterziensermönch beschreibt in seinen Zeilen Grieselstein (Krieselstein-Christan) als Ort „mit 100 Häusern und dem Weinbau auf dem ‚Schlössl'". Ob mehr dahinter steckt, als nur die Bezeichnung einer Region, lässt sich anhand seines Textes nicht verifizieren. Historiker gehen aber mithilfe von Untersuchungen davon aus, dass im Hochmittelalter an derselben Stelle tatsächlich eine kleine Burganlage errichtet war, deren Spuren heute allerdings fast vollständig verschwunden sind. Die dürften durch einen längst stillgelegten Steinbruch vernichtet worden sein.

Der Steinberg hat aber noch viel mehr Geschichte vorzuweisen. Bei früheren Untersuchungen fanden (Hobby-) Archäologen einen Bronzering, Tonscherben, Bruchstücke von Tongefäßen, Tonspulen und Ziegel. Sie sind Belege dafür, dass die Anhöhe einst besiedelt war und ihre Erschließung lange zurückliegt. Heute weiß man, dass der „Stoagupf" eines der ersten Siedlungsgebiete Österreichs war. Wissenschaftlichen Analysen zufolge befand sich ebendort zwischen der späten Steinzeit und frühen Bronzezeit (um 2000 bis 1800 vor Christus) eine Höhensiedlung. Einstige Jäger und Sammler ließen sich hier nieder und begannen, umliegende fruchtbare Böden als landwirtschaftliche Flächen zu nutzen.

Es zahlt sich also aus, die Gegend rund um Grieselstein zu entdecken. Immerhin ist das Gebiet auch ein Ausläufer des steirischen Vulkanlandes. Angeboten wird regelmäßig eine zweistündige Abendwanderung zum Steinberg und zur sogenannten Augenquelle, deren Wasser, so heißt es, eine heilende Wirkung bei Augenerkrankungen besitzen soll.

Naturpark Raab
Kirchenstraße 4
8380 Jennersdorf
www.naturpark-raab.at

Austrojanische Republik

Zum Glück besitzt Franz Derler ein acht Hektar großes Grundstück. Sonst hätte der pensionierte Landwirt und Gründer eines Stutenmilchgestüts vielleicht schon ein Platzproblem. Sein Areal am Ortsrand von Oberfeistritz in der Oststeiermark ist (noch) groß genug für seine kreativen Ideen. Ein Vergleich mit der Neverland-Ranch von Michael Jackson im US-Bundesstaat Kalifornien ist keineswegs widersinnig. Wer das 18 Quadratkilometer große Gelände des „King of Pop" mit Derlers Anwesen vergleicht, entdeckt die eine oder andere Parallele. Sowohl Derler als auch Jackson kauften ihr schmuckes Areal im Jahr 1988. Auf beiden Grundstücken sind Attraktionen zu finden. Einziger Unterschied: Franz Derler baut selbst. Wer ihn kennt, weiß, dass er der Bezeichnung „Häuslbauer" eine neue Bedeutung gibt. Dort, wo er selber anpackt, entstehen außergewöhnliche Objekte. Der 66-Jährige besitzt das größte Holzpferd der Welt und eine eigene „Hofburg" – nicht zu verwechseln mit jener Wiener Hofburg, in der der österreichische Bundespräsident Heinz Fischer residiert.

Wer sich auf dem Anwesen von Franz Derler umsieht, kommt nicht mehr aus dem Staunen heraus. Nicht nur sein 1988 errichteter Bauernhof im Erzherzog-Johann-Stil ist einzigartig, sondern auch sein „austrojanisches Holzpferd". Diese Wortkombination ist eine Eigenkreation, die Derler von einer historischen Bezeichnung abgeleitet hat. Seit der Antike steht der Begriff „trojanisches Pferd" für Kriegslist. Laut griechischer Mythologie hielten sich Soldaten in einem überdimensionalen, aus Holz gefertigten Pferdebauch auf. Sie traten erst in Erscheinung, als sich die Gegner schon in Sicherheit wähnten. So versuchte Odysseus, mit Heimtücke die Stadt Troja zu erobern. Heutzutage taucht der Begriff meist in einem anderen Zusammenhang auf. „Trojaner" sind im Internet- und Computerwesen spezielle Schadprogramme, die sich unauffällig auf einem PC einnisten und später programmierte Befehle ausüben, um Dateien zu zerstören. Doch Derler hatte beim Bau seines Holzpferds keine kriegerische oder böswillige Absicht, sondern einen ganz friedlichen Gedanken verfolgt. „Wir wollten eine praktische Orientierungshilfe errichten, damit unsere Besucher schon von Weitem erkennen können, wo sich unser ‚Töchterle-Hof' befindet", erzählt Derler. Außerdem besitze sein überdimensionales Pferd keine vier Holzräder, um als Kriegsgerät eingesetzt zu werden, betont er.

Als sein Gestüt im Jahr 1998 das zehnjährige Bestandsjubiläum feierte, stellte er seinen hölzernen Blickfang in die Landschaft. Es dauerte keine sechs Wochen, bis sein „austrojanisches Holzpferd" aus steirischen Lärchenholzstämmen gezimmert und auf seinem weitläufigen Areal aufgestellt war. Die Größenordnung hat es in sich: Das Holzpferd ist 18 Meter hoch, 20 Meter lang, fünf Meter breit und bietet im Bauch für insgesamt 40 Personen Platz. Diese Ausmaße haben ausgereicht, um im Jahr 2000 als „größtes Holzpferd der Welt" im Guinness Buch der Rekorde erwähnt zu werden. Wer will, kann die ungewöhnliche Attraktion nicht nur von außen bewundern, sondern auch für Tagungen, Hochzeiten, Familienfeiern oder als Filmkulisse mieten.

Dass Derler ein Faible für große Dinge hat, kann er keinesfalls abstreiten. Das darf man auch an einer anderen Stelle seines Grundstücks verfolgen. Nur wenige Schritte von seinem

Holzpferd entfernt, hat er gemeinsam mit seiner Ehefrau Marianne seit Pensionsantritt seine eigene „Hofburg" gemauert. „Ich bin zwar seit sechs Jahren in Rente, aber nicht im Ruhestand", sagt Derler, der leuchtende Augen bekommt, wenn er über seine Steinburg spricht. Seit wenigen Wochen ist sein „Lebenswerk" vollbracht. „Zeitlebens faszinieren mich Burgen. Wir reisen meistens dorthin, wo es interessante Bauwerke und spannende Architektur zu bewundern gibt", erzählt Derler, der das angeeignete Wissen dafür braucht, um seine architektonischen Ideen eigenhändig auf Papier zu bringen. Um seinen Traum mit bloßen Händen verwirklichen zu können, hat er in den vergangenen Jahren Unmengen an Steinen gesammelt. Wie viele er für seine Burg benötigt hat, kann er nicht sagen. Eines weiß er allerdings hundertprozentig. „Steine und ihre Formen haben mich schon immer fasziniert", sagt Derler, dessen Ehefrau sich mit seinem ungewöhnlichen Hobby anfreunden konnte. Marianne Derler weiß jedenfalls, dass sie beide „jeden einzelnen Stein sicher mindestens vier Mal

angreifen mussten." Nur so konnten sie feststellen, wo welcher Stein passen könnte. In liebevoller Kleinarbeit ist ein neues „Steckenpferd" entstanden: Die viergeschoßige „Hofburg" hat eine Grundfläche von 150 Quadratmetern, verfügt über eine Hochzeitssuite, eine Rauchküche, ein Barockzimmer, Bad inklusive Wanne mit Löwenfüßen, unterschiedliche Holz- und Eisentüren sowie über einen 18 Meter hohen Turm, in dem eine selbst gebaute, zwölf Meter lange Wendeltreppe errichtet ist.

Nicht zum ersten Mal hantierte Derler mit Stein und Mörtel herum. Schon vor mehr als zwei Jahrzehnten musste der gelernte Landwirt kräftig expandieren, als seine Pferdezucht auf dem elterlichen Hof mitten in Oberfeistritz für die biologische Stutenmilchproduktion zu klein wurde. Er kaufte 1988 ein acht Hektar großes Areal am Ortsrand und errichtete darauf einen ganz neuen Bauernhof, der den bürgerlichen Charakter des 19. Jahrhunderts widerspiegeln soll. Mittlerweile besitzt die Familie Töchterle-Derler in ihrem Gestüt insgesamt 75 Pferde, die auch als Familientiere für Freizeit- und Hobbyreiter gezüchtet werden. Darüber hinaus produzieren die Besitzer des Töchterle-Hofs nicht nur Pferdekuren, die laut Seniorchef Franz Derler heilende Wirkungen besitzen, sondern auch Kosmetik- und Körperpflegeprodukte.

Stutenmilch Töchterlehof
Oberfeistritz 190
8184 Oberfeistritz
www.toechterle.at

Lebendige Möbelstücke

Diejenigen, die im eigenen Garten Äpfel, Birnen oder Zwetschken gewerblich pflücken und verkaufen, nennt man – no na – Obstbauern. Jene Personen, die aus Holz Möbelstücke bauen, hören auf die Berufsbezeichnung Tischler (oder in Deutschland auf Schreiner). Das war jetzt nicht besonders schwer zu erraten. Aber wie spricht man jemanden an, der hoch oben in den Baumkronen Sessel wachsen lässt? Obstbaumtischler? Möbelgärtner? Oder Baumsesselzüchter? Bernhard Schmid aus Laßnitzhöhe bei Graz hat bereits einen Begriff gefunden, der sein Hobby am treffendsten beschreibt. Er sieht sich als Sesselbaumdesigner, dessen Aufgaben sich von jenen eines Tischlers im Wesentlichen unterscheiden. Schmid braucht keinen Leim, genauso wenig Schrauben oder Nägel, sondern nur eine Baumschere, Klebestreifen und eine Leiter, um absolut naturbelassene Unikate produzieren zu können.

Seine Bauanleitung klingt relativ simpel. Solange die Zweige seiner Ahornbäume noch dünn sind, werden sie in die entsprechende Form eines Sessels gebogen und fixiert. Danach heißt es abwarten. Ungefähr zehn Jahre muss Schmid sich gedulden, um einen Stuhl zu ernten. Dass aber noch mehr dazugehört, als faul in der Sonne zu liegen und die Zeit verstreichen zu lassen, bis seine „Frucht" reif ist, weiß Schmid aus Erfahrung. „In regelmäßigen Abständen muss alles weggeschnitten werden, was beim Wachsen des Sessels im Weg sein könnte. Im Sommer gibt es mehr zu tun. Im Winter so gut wie gar nichts", erzählt der 52-jährige Steirer. Sein fast

1.000 Quadratmeter großer Garten befindet sich mitten in der Ortschaft Laßnitzhöhe, in dem aktuell insgesamt 60 Sessel heranwachsen. Jedes Stück ist ein Unikat, keines hat auch nur annähernd einen eineiigen Zwilling. Was dem Hobbygärtner an seiner neuen Leidenschaft gefällt, ist die Möglichkeit, Formen zu schaffen, die normalerweise aus Holz so gut wie nicht machbar sind. „Nirgends muss gesägt oder geklebt werden", erklärt Schmid.

Durch Zufall ist der Steirer auf die findige Idee gestoßen, Sessel und andere Objekte, zum Beispiel auch Holzherzen, auf Bäumen wachsen zu lassen. Weil sein Nachbar eine hohe Grundstücksmauer errichten ließ, sah sich Schmid gezwungen, irgendeinen Sichtschutz zu errichten, um seinen Augen den hässlichen Blick auf die kahle Wand zu ersparen. Als Reaktion darauf pflanzte er mehrere Bäume. „Eines Tages im Jahr 1996 hatte ich plötzlich einen Geistesblitz. Ich wollte mit den Ästen etwas Außergewöhnliches entstehen lassen", erzählt Bernhard Schmid. Elf Jahre später ist es ihm gelungen, seinen ersten Baumsessel zu ernten. Mittlerweile hat er insgesamt acht Stühle im Kaufangebot, die alle noch zu haben sind. Wer ein extravagantes Möbelstück im Wohnzimmer oder in der Küche stehen haben will, muss allerdings damit rechnen, tiefer in die Geldbörse greifen zu müssen. „Dafür sitzt man auf einem Stuhl, der nicht aus dem Leim gehen und nicht zu wackeln beginnen kann", scherzt Schmid. Preise will er aber keine nennen. Auf Anfrage ist der 52-jährige Steirer auf jeden Fall bereit, eine Gruppe (max. zehn Personen pro Führung) durch seinen Sesselbaumpark zu begleiten. Gezeigt werden die einzelnen Stadien der wachsenden Sessel. Er gewährt auch Einblicke, wie das „Modellieren mit lebenden Hölzern" funktioniert. Alle Raffinessen will Schmid allerdings nicht preis-

geben. Ein paar Kniffe bleiben sein Betriebsgeheimnis. Obwohl er viel Liebe in seine Arbeit steckt und viel Zeit im Garten verbringt, fühlt er sich noch nicht „mit den Bäumen verheiratet", scherzt er. Aber spätestens im Herbst kommt er ihnen dann doch wieder sehr nahe, wenn die nächsten Baumsessel geerntet werden.

Sesselbaumpark Laßnitzhöhe
Hauptstraße 55
8301 Laßnitzhöhe
www.sesselbaumdesigner.jimdo.com

Feuerwehr
XXL

Bairisch Kölldorf. Im ersten Moment könnte man meinen, der Ort liege in Bayern. Doch was sich anhört wie ein Dorf südlich des berühmt-berüchtigten Weißwurstäquators, befindet sich nicht einmal annähernd in Deutschland, sondern in der Alpenrepublik. Konkret in der südöstlichen Steiermark. Nur der Dialekt hat seinen Ursprung in Bayern. Die rund 1.000 Einwohner zählende Gemeinde ist zwar nicht das Maß aller Dinge in der steirischen Thermenregion. Trotzdem hat der beschauliche Ort im Schatten von Bad Gleichenberg – nur vier Kilometer entfernt – mehrere Kuriositäten zu bieten. Tausende Besucher kommen Jahr für Jahr nur deswegen in die Ortschaft. Der am Waldrand gelegene Campingplatz ist zwar der Idylle wegen bei vielen Gästen beliebt und hat als Besonderheit eine eigene Hundedusche vorzuweisen, gehört aber dennoch nicht zu den auffälligsten Adressen von Bairisch Kölldorf. Wer durch das sonst recht unspektakuläre Ortszentrum spaziert, wird sich wundern, sobald er das moderne Gemeindeamt hinter sich gelassen hat. Gleich daneben befindet sich ein knallrotes Gebäude, das dem Betrachter das Gefühl gibt, im gleichen Moment zu einem Zwerg geschrumpft zu sein.

Irgendetwas ist in Bairisch Kölldorf anders gelaufen als in vielen anderen österreichischen Ortschaften, als es darum ging, ein neues Feuerwehrhaus zu bauen. Wer nun davorsteht, sieht Kennzeichen, Stoßstangen, Scheinwerfer, Seitenspiegel, Blaulicht, riesige Reifen, Kotflügel und eine Leiter, auf der eine Puppe – mit einem Schlauch bewaffnet – scheinbar nach oben

klettert. „Wir haben das größte Feuerwehrauto der Welt", sagt
Bürgermeister Franz Schleich, in dessen Stimme ein Gefühl
des Stolzes mitschwingt. Genau genommen handelt es sich um
das Gerätehaus der örtlichen Feuerwehr, das einem Rüstlösch-
fahrzeug (RLFA) nachempfunden ist, und in Originalgröße in der
Garage, also im Stauraum des riesigen Feuerwehrautos, geparkt
steht. Ein überdimensionaler Typenschein, der am „Wagen"
angebracht ist, offenbart die Größe. Das Auto beziehungsweise
Gebäude ist mehr als 25 Meter lang, zwölf Meter breit und
mehr als sechs Meter hoch. Auch wenn sich das 520 Tonnen
schwere und rund 300.000 Euro teure Betonfahrzeug nicht
vorwärts bewegen kann, besitzt es eine üppige Ausstattung, die
das Feuerwehrauto täuschend echt und einsatzbereit aussehen
lässt. Täglich kurz vor Mittag – gegen 11.45 Uhr – macht sich
der Wagen selbstständig, was vor allem die Besucher des Ortes

staunen lässt. Vollautomatisch ist das Startgeräusch des Lkw-Motors zu hören, das ein eingebauter Lautsprecher simuliert. Sekunden später beginnen Scheinwerfer zu leuchten und Blaulichter zu blinken. Als Show-Highlight spritzt die Feuerwehrpuppe Wasser aus einem Schlauch auf das Dach des Gerätehauses. „Mittlerweile ist unser überdimensionales Feuerwehrauto das Wahrzeichen von Bairisch Kölldorf. Pro Jahr kommen zwischen 50.000 und 60.000 Gäste zu uns, um sich das Fahrzeug anzusehen", erzählt Bürgermeister Schleich.

Was heute eine Touristenattraktion ist, war vor mehreren Jahren ein absolutes Wagnis. Sowohl für die Gemeindeverantwortlichen als auch für die Feuerwehrmitglieder. Anfangs sollten die kuriosen Bauabsichten noch geheim bleiben. Man wollte sich mit der Zurückhaltung öffentlichen Ärger ersparen. Doch als das ungewöhnliche Feuerwehrhaus allmählich konkrete Formen annahm, war zur Überraschung vieler kaum Ablehnung spürbar. „Unser Architekt Werner Reicht hat sich bei der Planung ordentlich ins Zeug gelegt und tolle Arbeit geleistet", sagt Schleich, der sich noch ganz genau an die Anfänge zurückerinnern kann. „Zuerst wollten wir unsere Einsatzzentrale wie eine große Feuerwehrpumpe aussehen lassen. Aber als wir das Einsatzfahrzeug aus der Garage geschoben hatten, kam die zündende Idee, doch eher einen Wagen zu bauen", erzählt Schleich.

Das vielleicht größte und verrückteste Feuerwehrauto der Welt ist nicht das einzige Objekt in Bairisch Kölldorf, das den Ort inzwischen unverwechselbar macht. Wer ins Gewerbegebiet fährt, wird auch dort staunen. Der Kindergarten sieht aus wie ein Märchenschloss, auf dessen Fassade viele bekannte Comicfiguren abgebildet sind. Der Eingangsbereich besitzt ein hochziehbares Holztor. Gleich darüber befindet sich ein kleiner Turm. Nicht weniger spektakulär ist das Postverteilerzentrum, das wie ein überdimensionaler Briefkasten aussieht. Über dem Eingangsbereich steckt ein riesiger weißer Brief in einem Einwurfschlitz. Das an den Bürgermeister adressierte, überdimensionale Schriftstück soll die Menschen darunter vor Wind und Regen schützen.

Schon in absehbarer Zeit ist ein weiterer Bau geplant, der sich in die Reihe der ungewöhnlichen Bauwerke in Bairisch Kölldorf einordnen wird. Der örtliche Jugendraum soll in Form eines Zuges, der aus einem Tunnel fährt, gestaltet werden. Nach all den außergewöhnlichen Bauten drängt sich eine Frage auf: Wie lange wird es noch dauern, bis die Ortschaft in der steirischen Thermenregion dem weltbekannten Vergnügungspark „Disneyland Paris" in Frankreich Konkurrenz macht? Man darf gespannt sein.

Gemeindeamt Bairisch Kölldorf
Nr. 12
8344 Bairisch Kölldorf
www.bairisch-koelldorf.businesspark.at

Der Garten
der Zwerge

Bewundernswert (mirabile) und schön (bella) – zwei Eigenschaften, die ohne Zweifel auf das weltberühmte Schloss Mirabell in Salzburg zutreffen. Die 1606 von Erzbischof Wolf Dietrich von Raitenau für seine Geliebte Salome Alt erbaute architektonische Kostbarkeit ist ein wahrer Touristenmagnet und sollte bei seiner enormen Bekanntheit keine Überraschungen mehr bereit halten. Und doch hat auch hier eine Kuriosität ihr Zuhause. Denn im Park des Schlosses kann eine einzigartige Sammlung von Gartenzwergen besichtigt werden – die nicht nur wegen ihres barocken Alters eine genauere Betrachtung verdient.

Schon zu ihrer Entstehungszeit zog die Schlossanlage bewundernde Blicke auf sich. Historische Quellen sprechen von „ain schöns, groß, geviert, herrliches Gepeu, wie ain Schloss oder Vestung, mit ainem wolgezierten, von Plech gedeckten, glanzenden Thurn und inwendig, auch aussen herumb mit schönnen Gärten von allerlai Kleutlwerch, Paumgewächs und Früchten geziert und versehen". Der Name „Mirabell" stammt übrigens gar nicht vom Erbauer. Schloss Altenau erhielt diese schöne Bezeichnung erst nach dem Tod von Wolf Dietrich von seinem Nachfolger und Vetter Markus Sittikus, der die Erinnerung an seinen ungeliebten Vorgänger mit der Umbenennung tilgen wollte.

Das Schloss wurde im Auftrag von Fürsterzbischof Franz Anton von Harrach von 1721 bis 1727 von Architekt Lukas von Hildebrandt zu einer imposanten Barockanlage umgebaut.

Drei Sehenswürdigkeiten locken heute vor allem die Besucher an: Die Schlosskirche, die Marmorstiege mit ihren anmutigen Putten und natürlich der Marmorsaal, wo in alten Zeiten Vater Leopold Mozart mit seinen Wunderkindern Wolfgang Amadeus und Nannerl musizierte und sich heute Brautpaare mit Begeisterung das Ja-Wort geben.

Outdoor kann Mirabell aber fast noch mehr „bella" bieten. Der Lustgarten der Fürsterzbischöfe ist einzigartig – einzigartig schön. Dafür sorgen schon alleine rund 100.000 blühende Blumen pro Jahr. Die erste Gestaltungsphase um 1690 erfolgte durch den kaiserlichen Hofarchitekten Johann Bernhard Fischer von Erlach. Zum barocken Gesamtkunstwerk wird die Anlage unter Lukas von Hildebrandt. Zentraler Anziehungspunkt ist der Brunnen, die Große Fontäne im Garten, für den 1690 Ottavio Mosto vier Figurengruppen schuf. Sie symbolisieren die vier Elemente Wasser, Feuer, Luft und Erde. Der italienische Bildhauer Mosto hatte aber anscheinend nicht nur ein glückliches und geschicktes Händchen für große Aufgaben, sondern auch eines für kleine. Denn er soll auch für die Figuren im Zwergerlgarten verantwortlich sein. Eine kuriose Sehenswürdigkeit, die auch heute noch – nach und trotz einer sehr bewegten Geschichte – die Besucher in ihren Bann zieht und für Schmunzeln sorgt.

Bei den Figuren handelt es sich nicht einfach um die barocke und steinerne Ausgabe der heutigen Gartenzwerge, die Skulpturen hatten teilweise ganz reale Vorbilder. Kleinwüchsige Menschen spielten an den damaligen Fürstenhöfen in ganz Europa eine Rolle. „Zwerge" gehörten zur Belustigung zum fixen Inventar eines repräsentativen Hofes. Wegen ihrer Treue und Loyalität wurden sie aber auch hoch geschätzt. In Salzburg war Franz von Meichelböck (1695–1746) bekannt, der drei

Fürstbischöfen von Salzburg als hochfürstlicher Hof- und Kammerzwerg diente.

Ursprünglich umfasste der 1691 entstandene Zwergerlgarten, bei dem es sich um die älteste und größte derartige Anlage in ganz Europa handeln soll, 28 Figuren aus weißem Marmor. Professor Günther Bauer hat in seinem Buch „Salzburger Barockzwerge" im Jahr 1989 die Bedeutung der Zwerge beschrieben. Die 28 Figuren stellen Karikaturen dar, die ihren Ursprung in Kupferstichen von Jacques Callot, einem französischen Grafiker, der am Hof von Florenz tätig war, haben. Da gibt es den Zwerg mit dem Spaten, der auch heute noch gut in einen Vorgarten passen würde, aber auch einen Zwerg mit einem Turban, einen mit einem Huhn oder einen mit einem Holzbein. Einer schaut den Besucher durch einen Zwicker verdutzt an, ein anderer trägt eine Butte. Zwei Exemplare verdienen eine besondere Erwähnung: Die beiden spielen Pallone, ein in der Renaissance beliebtes Ballspiel. Ein Zwerg setzt gerade zu einem Schlag an, der zweite wartet. Skurril: Einer der Spieler trägt als Kopfbedeckung einen Topf.

Dass man die Zwerge heute noch im Schlossgarten

bewundern kann, ist keine Selbstverständlichkeit. Denn während der kurzen bayrischen Herrschaft über Salzburg sorgte der Kronprinz Ludwig I. dafür, dass die Figuren entfernt wurden. Angeblich wollte er sie sogar in einen Kalkofen werfen lassen, aber dann siegte doch der Geschäftssinn und die Zwerge wurden versteigert. Mehr als hundert Jahre waren sie in alle Richtungen verstreut und gerieten in Vergessenheit. Erst im Jahr 1919 erinnerte man sich ihrer und der Gemeinderat fasste den Beschluss, den einzigartigen Garten wieder auferstehen zu lassen. Also machte man sich auf die Suche nach den Zwergen und fand etliche in Salzburger Hausgärten, in Bayern, im Hausruck und im Pongau. Einige befanden sich auch im Besitz der Stadt. 16 der ursprünglich 28 Zwerge sind heute wieder im Mirabellgarten zu besichtigen. Allerdings nicht im damaligen Zwergerlgarten, sondern im nahen Bastionsgarten. Die Figuren stehen auch am Boden, ursprünglich thronten sie auf Sockeln.

Zwergerlgarten im Schloss Mirabell
Mirabellplatz 4
5020 Salzburg
www.salzburg.info

Die Römer und der Friedhof ohne Namen

Man braucht kein Hellseher zu sein, um zu wissen, welche Kriterien in erster Linie mitentscheidend sind, um Obertauern in Salzburg als Ziel ins Navigationssystem einzutippen. Denn eines ist klar: Bekannt ist der Ort auf 1.800 Metern Seehöhe für seine Schneesicherheit. Meistens können die Skifahrer schon ab November und nicht selten bis Ende April auf den präparierten Skipisten ins Tal carven. Ungefähr 150 Hotels und Pensionen, 8.500 Gästebetten, 30 Liftanlagen und mehr als 2.000 Mitarbeiter machen den kleinen Ort, in dem rund 300 Einwohner eine Minderheit bilden, zu einer Hochburg in „Winterösterreich". Touristischer geht es wohl kaum. Dafür waren auch vier musikalische Pilzköpfe aus Liverpool in England mitverantwortlich, die in den 1960er-Jahren mehrere Tage mitten im Tiefschnee verbrachten. Das weltweite Medieninteresse an den Beatles war schuld daran, dass aus einem anfangs noch verschlafenen Dorf ein florierender Wintersportort wurde, der nicht nur national, sondern auch weit über die Grenzen Österreichs hinaus ein geläufiger Begriff für Pistenvergnügen wurde. Dazu später noch mehr.

Dass Obertauern nicht nur Synonym für kilometerweite Skipisten und musikbeschallte Après-Ski-Hütten ist, sondern auch historisch einiges zu bieten hat, stellt man dann fest, wenn man die Millionen Gäste und Blechlawinen ausblendet, was während der langen Wintersaison eine Herausforderung ist. Wer die bewegte Geschichte entdecken will, sollte am besten im Sommer nach Obertauern fahren, wenn der Ort zur „Geisterstadt" wird.

Wie geschichtsträchtig und außergewöhnlich die Gegend um Obertauern (ehemals Radstädter Tauernpass) ist, belegen Funde und Dokumente. Dort, wo sich heute der Tauernfriedhof befindet, vermuten Historiker die spätantike Raststation der Römer, die damals „mansio in alpe" hieß. Frequentiert wurde sie vor allem von Reisenden, die den Weg über die Tauern als rasche Nord-Süd-Verbindung nach Rom nutzten. Als der Tauernwirt Steger im Jahr 1825 die Friedhofsmauern renovierte, soll er auf historische Reste gestoßen sein, die höchstwahrscheinlich aus der Römerzeit stammen. Dazu existiert eine schriftliche Erklärung: „Eine Kapelle stand auf der Tauernhöhe bereits im Jahr 1224, und ehevor war ein Hospital (1198), so dass der Salzburger Geschichtsschreiber Vierthaler meint, die Ruinen der mansio könnten zum Bau des Hospitals und des kleinen Kirchleins verwendet worden sein. Der Bestand des Tauernfriedhofs reicht nachweislich zurück bis 1515", heißt es in einer Gedenkschrift aus dem Jahr 1925. Heute erinnern noch mehrere alte römische Meilensteine entlang der Straße an einen ehemals beschwerlichen und schmalen Weg über die Tauern.

Weil Leben und Tod im Hochgebirge nah beieinander liegen, spielt der Friedhof in der Geschichte von Obertauern eine zentrale Rolle. Seine Zusatzbezeichnung, die schon seit ewigen Zeiten weit verbreitet ist, klingt kurios. Einheimische nennen die letzte Ruhestätte auch „Friedhof der Namenlosen", auf vielen Grabkreuzen sind keine Namen eingraviert. Früher hat man verunglückte Wanderer und Lawinentote, die dem schlechten Wetter zum Opfer fielen, auch dann beerdigt, wenn keine Identität bekannt war. Die Welt war damals nicht ausrei-

chend vernetzt, um rasch herauszufinden, wer gestorben war.
Die katholische Kirche hatte mit der Beerdigung Fremder aber
keine Freude, weil mit dem fehlenden Namen auch unklar war,
welcher Religion der Verstorbene angehörte.

Eine Steintafel, die auf der Friedhofsmauer montiert ist,
offenbart noch weitere Details, die zeigen, wie man mit dem
Tod in Obertauern umging. „Die vorläufig letzte Beerdigung
fand 1918 nach dem Typhustod des Bergwerksarbeiters aus
dem Seekar, Johann Schlick, statt. 1924 bis 25 wird auf Eigen-
initiative des Bürgermeisters von Untertauern Alois Kohlmayr
die Wiederaufrichtung des Friedhofs durchgeführt und der
Tauernprangtag zu Peter und Paul (29. Juni) wieder nach 14
Jahren Pause ins Leben gerufen. Fast 50 Jahre wurde am Tauernfriedhof kein neues Grab geöffnet. Bis 1961 der Volkslied-
sammler und Zitherspieler Paul Urstöger als Erster hier
begraben wurde. Mit der Erschließung des ‚Tauerns‘ und der

Zunahme der hier wohnenden Bevölkerung, begann die Revitalisierung des Tauernfriedhofs, wo nunmehr viele ortsansässige Familien ihre letzte Ruhestätte haben." Zudem ist kurios, dass „unser Kirchensprengel über die Bezirksgrenzen weit in den Lungau hinein bis knapp vor Tweng reicht", erklärt Dieter Kindl, Altbürgermeister und von 1970 bis 2010 Tourismusdirektor von Obertauern. Normalerweise endet die Zuständigkeit einer Pfarre an der Gemeinde- oder Bezirksgrenze. Nicht so in Obertauern. Noch skurriler ist, dass die Bezirksgrenze genau durch den Ort verläuft. Der östliche Teil liegt im Lungau und gehört zur Talgemeinde Tweng. Das westliche Stück befindet sich in Pongau und ist der Gemeinde Untertauern zugeordnet. Deswegen sind auf den Fahrzeugen der Einheimischen entweder amtliche Kennzeichen mit den Anfangsbuchstaben „TA" für Tamsweg oder „JO" für St. Johann im Pongau montiert. Diese heikle Konstellation macht in Obertauern vieles schwieriger als in anderen Orten. Zwei Bezirkshauptmannschaften, zwei Gemeinden, zwei Bürgermeister, zwei Finanzämter und zwei Volksschulen sind für den hoch gelegenen Tourismusort zuständig. Mehrere Versuche, dieses bürokratische Verwirrspiel zu beseitigen, schlugen fehl. Welche Gemeinde will schon freiwillig ein Stück seines kostbaren Landes abgeben?

Wie auch immer. Hauptsache, der Wintersportort floriert. Noch immer sind sozusagen Spuren im Schnee zu finden, die die vier englischen Musiker auf der Tauernhöhe nachhaltig hinterlassen haben. Für ihren legendären Film „Help" waren die Beatles im Jahr 1965 extra von Liverpool nach Obertauern gereist, um mehrere Filmsequenzen mitten in einer prächtigen Winterlandschaft drehen zu können. Auf Skiern standen sie allerdings nie. Aufgrund der Verletzungsgefahr fuhren an ihrer Stelle österreichische Skilehrer, die als Doubles fungierten, vor laufender Kamera bis ins Tal. Für Obertauern waren die mehrtägigen Dreharbeiten ein Glücksfall. Über Nacht wurde das damals noch kleine Bergdorf weltberühmt und ein Touristenmagnet. Noch immer haben Fans und Reporter großes Interesse daran, die damaligen Drehorte zu besuchen. Eigene Beatles-Ausstellungen helfen, um die nach wie vor vorhandenen Spuren der weltberühmten Musiker in Obertauern zu finden. Im Hotel Edelweiß, in dem die prominenten Pilzköpfe während der Dreharbeiten wohnten, ist eine Beatles-Stube eingerichtet, in der es jede Menge Zeitungsausschnitte und Fotos zu besichtigen gibt. Die damals von den Musikern bewohnten Räume können auch heute noch als „Beatles-Zimmer" gebucht werden. Und im Hotel Seekarhaus existiert eine kleine Beatles-Bar, wo ebenfalls viele Bilder und Zeitdokumente zu bewundern sind. Im Jahr 2015 sollten alle eingefleischten Beatles-Fans einen Besuch in Obertauern einplanen. Der Anlass: „50 Jahre Beatles in Obertauern."

Tourismusverband Obertauern
Pionierstraße 1
5562 Obertauern
www.obertauern.com

Sie haben
ein Denkmal gebaut

Manche sind groß und unübersehbar, andere sind versteckt, viele haben einen ernsten Hintergrund, manche einen fröhlichen – Denkmäler gibt es in Österreich in allen möglichen Varianten. Laut Duden-Definition handelt es sich dabei um eine zum Gedächtnis an eine Person oder an ein Ereignis errichtete, plastische Darstellung oder um ein erhaltenes Kunstwerk, das für eine frühere Kultur Zeugnis ablegt. Manche sind derart kurios, dass man kaum glauben kann, dass es sie gibt – bis man sie sieht. Drei besonders skurrile Beispiele aus Salzburg, Wien und Kärnten seien hier stellvertretend für das kuriose Österreich der Denkmäler genannt.

Mozart und Salzburg führen eine innige Beziehung, die sich im viel besuchten Geburtshaus, musikalischen Hommagen und den berühmten Schokokugeln manifestiert. Natürlich wurden dem großen Musiker auch Denkmäler gesetzt. Eines der jüngsten ist auch eines der ungewöhnlichsten und sorgte bei seiner Enthüllung 2005 für große Aufregung.

Es handelt sich um eine 2,95 Meter große Bronzefigur, die vom deutschen Maler und Bildhauer Markus Lüpertz für das vierte Kunstprojekt Salzburgs geschaffen wurde. Laut der Privatinitiative Salzburg Foundation, die das Werk initiiert hat und sich als eine moderne Form des Mäzenatentums versteht, folgt der Mozart von Lüpertz „einem traditionellen bildhauerischen Ansatz, der gleichwohl den Maler im Bild-

hauer nicht leugnet. Als Ort wählte Lüpertz den Ursulinenplatz, der begrenzt ist von der Mönchsbergwand, dem
Klausentor und der Salzach. In klassischer Standbein/Spiel-
bein-Pose tritt die Figur auf ihrem ein Meter hohen Steinso-
ckel Fischer von Erlachs Markuskirche als skulpturales
Pendant gegenüber." Damit ist es mit der Tradition aber
auch schon vorbei, denn die Mozart-Statue ist für den
unvorbereiteten Betrachter eine große Überraschung. Es
handelt sich um einen nackten weiblichen Torso, nur der
Kopf stellt den Komponisten samt charakteristischem Zopf
dar. Dazu heißt es von der Salzburg Foundation: „Der
Künstler belässt seinen Mozart im bewussten Widerspruch
zwischen männlich und weiblich, kräftig und zart, zwischen
Montage und Demontage, Vollendung und Fragment. Hier-
in drücken sich Genialität, Virtuosität und Zerrissenheit
aus, die uns aus dem Leben und Werk Mozarts überliefert
und scheinbar vertraut sind. Lüpertz schafft eine Hommage,
die über das Figürliche weit hinausgeht." Wie schon ein
kurzer Blick zeigt, handelt es sich um kein Mozart-Denkmal
im herkömmlichen Sinn, wie auch Peter Iden von der Salzburg Foundation in seiner Rede anlässlich der Übergabe
betonte: „Die Figur, die wir vor Augen haben, ist nicht der
Versuch eines Porträts Mozarts, will nicht dessen Abbild
sein, sondern ist Hommage, Huldigung. Der Künstler
Lüpertz hat dem Künstler Mozart das Kunstwerk einer
Skulptur geschaffen."

Dass so ein Ansatz trotz aller Interpretationen und
Erklärungen nicht ohne Reaktion bleibt, ist nicht sehr ver-
wunderlich. Es gab heftige Proteste und im August 2005,
zwei Monate nach Enthüllung der Skulptur, wurde die
Mozart-Hommage geteert und gefedert. Die ursprüngliche

Bemalung überlebte die Reinigung nicht und fehlt seitdem.

Mozart-Denkmal
Ursulinenplatz
5020 Salzburg
www.salzburgfoundation.at

Ganz andere Reaktionen löst ein Denkmal in Wien aus. Kein Wunder, denn es handelt sich um eine sehr gemütliche Darstellung. In Stein geformt wird hier einer Gans gedacht. Sogar einer berühmten Gans, die den Namen Lilli trug und symbolisch für Gemütlichkeit steht.

Gänse gehören zu den frühesten Haustieren, schon um 5000 vor Christus sollen sie von den Menschen domestiziert worden sein. Von der „dummen Gans" war in der Antike noch nicht die Rede. Gans, ähm, ganz im Gegenteil. Im alten Griechenland war die Gans der heilige Vogel der Liebesgöttin Aphrodite, und auch in Indien waren Gänse heilige Tiere.

Berühmt ist die Legende von den Gänsen im alten Rom. Als die Stadt 388 vor Christus von den Galliern belagert wurde, gelangten die Feinde fast über die Mauern. Nur das laute Geschnatter der heiligen Gänse, die zu Ehren der Göttin Juno auf dem Kapitol gehalten wurden, weckte die römischen Soldaten und verhinderte die Eroberung der Stadt. Berühmt ist natürlich auch das Martini-Gansl. Als Hintergrund dient die Legende vom Heiligen Martin, der sich angeblich, als er zum Bischof gewählt wurde, in einem Gänsestall versteckt haben soll. Doch das Geschnatter verriet ihn. Seitdem ist sein Name mit den Tieren verbunden, was für die Gänse weniger angenehme Begleiterscheinungen hat, weil zu Martini am 11. November gerne ein saftiger Gänsebraten auf den Tisch kommt.

Doch zurück zur Gans Lilli. Diese soll in den 1960er-Jahren in Sievering, genauer gesagt bei der Endstation der Straßenbahnlinie 39, für Aufsehen gesorgt haben. Lilli stammte angeblich aus dem Weinviertel in Niederösterreich, kam nach Wien und entging dort einem Schicksal als Gänsebraten. Stattdessen durfte sie nach Herzenslust herumlaufen und wählte als bevorzugten Sitzplatz mit Vorliebe die Schienen der Straßenbahnlinie 39. Ob das damit zusammenhing, dass die von der Sonne aufgeheizten Schienen schön warm waren, oder ob Lilli einfach nur gerne Aufsehen erregte, wird man wohl nie erfahren. Jedenfalls dürfte man in Wien vor mehr als 50 Jahren noch nach einer anderen Zeitrechnung gelebt haben. Denn die Gans überlebte nicht nur jahrelang das Sitzen auf den Schienen, sie wurde auch jedes Mal liebevoll vom Straßenbahnfahrer händisch hinuntergehoben. Man stelle sich vor, wie die Geschichte heutzutage ausgehen würde.

Mit 30. August 1970 wurde die Straßenbahnlinie 39 in Sievering eingestellt. Die Erinnerung an die Gans Lilli aber überlebte. Im September 1987 wurde ihr in Sievering ein Denkmal gesetzt. Eine Tafel informiert: „Bis Herbst 1970 befand sich

auf diesem Platz die Endstation der Straßenbahnlinie 39. Hier war die Gans Lilli zu Hause und musste vom Straßenbahnführer von den Schienen getragen werden, um die Durchfahrt zu ermöglichen. Als Symbol der Gemütlichkeit und der dörflichen Ruhe soll dieses Denkmal gelten, damit auch in Zukunft diese Werte in Sievering in Erinnerung bleiben."

Denkmal für die Gans Lilli
Sieveringer Straße 74
1190 Wien

Sozusagen das Gegenteil der Gans Lilli in Denkmalform befindet sich am Faaker See in Kärnten. Geht es bei der Gansl-Figur in Wien um Gemütlichkeit und Beschaulichkeit, so lässt die Darstellung im Süden Österreichs die Herzen von flotteren Zeitgenossen höherschlagen. Denn was da am Ufer des Faaker Sees für Aufsehen und Furore sorgt, ist ein Denkmal für das Kultmotorrad Harley-Davidson.

1998 entschied sich Harley-Davidson erstmals für die Ausrichtung ihrer European-Bike-Week am Faaker See. Schon damals kamen viele Biker nach Kärnten, doch mittlerweile ist die European-Bike-Week mit mehr als 100.000 Besuchern zur größten Motorradveranstaltung in Europa und zur zweitgrößten weltweit geworden. Alljährlich geht dort ordentlich die Post ab, was der Region natürlich auch einiges an touristischem Aufschwung bescherte. Als Dank wollten die Gemeinde und die Tourismusverantwortlichen Harley-Davidson ein besonderes Geschenk machen, und so entschied man sich, mit einer Skulptur dem Bike und den Bikern ein Denkmal zu setzen. Als Standort wurde der Kreisverkehr nach Faak am See gewählt, wo jedes Jahr als Höhepunkt der European-Bike-Week die Harley-Parade mit mehr als 20.000 Maschinen vorbeifährt. Gekostet hat das Denkmal, das ein fröhliches Pärchen auf einer Harley zeigt, 35.000 Euro, was sich durch die Wertschöpfung für die Region bezahlt gemacht hat. Eröffnet wurde die Skulptur 2013 durch Landeshauptmann Peter Kaiser: „Dieses Monument aus Stahl soll deutlich machen, dass wir alle Teilnehmer der European-Bike-Week ganz herzlich begrüßen und willkommen heißen." Das Stahlross ist nicht nur bei Bikern eine viel fotografierte Sehenswürdigkeit.

Harley-Denkmal
Kreisverkehr Faak
9582 Faak-Pogöriach

Die Micky Maus
aus dem Mittelalter

Wer kennt sie nicht, die berühmte Figur aus dem Zeichen-
trickuniversum von Walt Disney. Seit Jahrzehnten begeistert
die schlaue Maus kleine und große Fans mit ihren spannenden
und lustigen Abenteuern. Offiziell erblickte Micky Maus am
18. November 1928 das Licht der Zeichentrickwelt, als die
Figur das erste Mal in einem Disney-Film auftauchte. Es war
„Steamboat Willie", und aufgeführt wurde das Stück im
Colony-Theatre in New York. Doch ist Micky Maus vielleicht
älter, vielleicht sogar viel älter? Jedenfalls gibt es in Kärnten
mysteriöse Hinweise darauf, dass Micky Maus bereits im
Mittelalter bekannt gewesen sein könnte.

Es war im Jahr 2002, als im idyllischen Ort Malta im Bezirk
Spittal/Drau ein spätromanisches Fresko an der Außenwand
der Pfarrkirche Maria Hilf restauriert wurde. Dabei wurde
eine herrliche und noch dazu seltene Malerei zur Gänze freigelegt. Auf 7,5 Metern Höhe ist der Heilige Christophorus
dargestellt. Auf seinen Schultern sitzt das Jesuskind, zu seinen
Füßen sitzen allerlei Tiere und darunter – und da stockte den
Restauratoren kurz der Atem – sitzt auch die Micky Maus. Um
die Malerei in diese Richtung zu interpretieren, braucht man
nicht einmal viel Fantasie. Auf den ersten Blick handelt es sich
scheinbar eindeutig um die berühmte Zeichentrickfigur aus
Amerika, wovon man zu dieser Zeit (man schrieb etwa das
Jahr 1300) in Kärnten und im übrigen Europa ja noch gar
nichts wusste. Jedenfalls hatte ein Walt Disney des Mittelalters
eine rund 50 Zentimeter große Figur mit spitzer Nase, rundem

Kopf samt großen, runden Ohren und fröhlichem Lächeln an die Wand der Kirche gemalt.

Wie ist das möglich? Der Fund sorgte in Kärnten und weltweit für Aufsehen. Die schrillsten Interpretationen wurden angestellt. War die Micky Maus etwa wirklich die Erfindung eines Kärntner Malers und wurde 700 Jahre später von Walt Disney nur wiederverwendet, oder handelte es sich um einen schlechten Scherz und ein besonders lustiger Zeichner der Jetztzeit hatte die Maus in einem unbeobachteten Moment an die Kirchenwand gemalt? Oder aber – so eine besonders gewagte Theorie – ist die Zeichnung an der Kirchenwand der Mausbiber „Gucky", eine Figur aus der Science-Fiction-Serie Perry Rhodan, die durch die Zeit gereist ist, im mittelalterlichen Malta einen Stopp einlegte und dort von einem schwer beeindruckten Maler porträtiert wurde?

Weder noch. Die Antwort ist – leider – relativ simpel: Die Malerei stammt sehr wohl aus dem Mittelalter, stellt aber nicht Micky Maus dar. Eduard Mahlknecht, Kunsthistoriker und Entdecker der Zeichnung, hat dafür eine Erklärung: „Dem heiligen Christophorus werden oft Fabelwesen beigestellt – Fische, Quallen, Seepferde – und in diesem Fall ist es eben eine Figur, die der Micky Maus ähnelt." So dürfte die Micky Maus einfach der Fantasie des Malers entsprungen sein, oder sie könnte auch, so die Experten, ein etwas deformiertes Wiesel darstellen. Im Mittelalter gab es nämlich die Legende, dass Wiesel durch ihren Mund empfangen und durch ihre Ohren gebären. Eine Erklärung für die großen Ohren der Malerei (die echten Wiesel haben kleine Ohren).

Für die Kunsthistoriker ist weniger die vermeintliche Micky Maus, als vielmehr der Christophorus interessant. Schon alleine deshalb, weil aus der Zeit wenig Fresken erhalten sind. Die meisten dieser romanischen Malereien wurden in späteren Zeiten entfernt, weil die Mauern abgeschlagen, verputzt und neu bemalt wurden. Der eindrucksvoll dargestellte Christophorus steht in einem Fluss, das Jesuskind sitzt auf seiner Schulter, und zu seinen Füßen tummeln sich allerlei Fabelwesen wie eine Nixe oder ein Zentaur, aber auch eine Qualle und ein Segelschiff.

Besucher kommen aber natürlich vor allem wegen der angeblichen Micky Maus. Darunter war sogar ein Fernsehteam von „Fuji-TV" aus Tokio, das über die mittelalterliche Micky Maus aus dem fernen Österreich 2006 einen Bericht für Millionen japanische Fernsehzuschauer drehte. Für fünf Minuten Sendezeit reiste ein ganzes Fernsehteam an. Und die Maus aus Malta schaffte es darüber hinaus auch in Form einer Frage in eine japanischen Quizshow.

Die Maus wurde aber nicht nur zum Fernseh-, sondern auch zum Buch-Star. Die Lehrerin Christiane Graf-Karner aus Malta veröffentlichte vier Jahre nach Entdeckung des Freskos ein entzückendes Bilderbuch, „Malontina. Die Geschichte einer Kirchenmaus", und erzählt darin, wie die aus ihrem Dornröschenschlaf geweckte Maus einem Restaurator ihre Geschichte erzählt. Das Buch ist im Gemeindeamt erhältlich. Malontina ist übrigens der alte Name für den Ort Malta.

Pfarrkirche Maria Hilf Assumptio
9854 Malta
www.maltatal.com

Die Kammern der Wunder

Nicht die Kammer des Schreckens, die der Zauberer Harry Potter im gleichnamigen Romanen sucht und findet, sondern die Kammern der Wunder folgen hier in unserer kuriosen Sammlung. Alleine der Name Wunderkammer regt die Fantasie an und lässt von alten Schätzen und Geheimnissen träumen. Was gar nicht so falsch ist, denn hinter der Bezeichnung verbirgt sich der Vorläufer der heutigen Museen. In Österreich gibt es einige dieser wundersamen Kammern mit ebenso wundersamen Inhalten.

Vereinfacht gesagt waren die seit der Renaissance in Europa entstehenden Wunderkammern Kunstsammlungen, aus denen viele Museen hervorgegangen sind. Schon im späten Mittelalter hatten Fürsten und reiche Bürger begonnen, Sammlungen anzulegen. Dabei ging man meist nicht sehr geordnet vor. Zusammengetragen wurde, was gerade gefiel. Das konnte, musste aber nicht, Kunst im eigentlichen Sinne oder Stücke von besonderem Wert umfassen. Und so fanden sich in diesen Sammlungen zwar Objekte aus Gold oder Silber und Perlen, aber auch ausgestopfte Teile von oder ganze Tiere, Globen, Bilder und Bücher. Angefacht wurde die Sammelleidenschaft durch die Entdeckungsreisen ab dem 15. Jahrhundert, besonders in das so andersartige Amerika. Denn vieles, was in fernen Ländern entdeckt wurde, kam den europäischen Menschen recht wundersam vor. Manches wurde auch in kuriose Zusammenhänge gestellt. So wurden etwa die beliebten, langen Stoßzähne des Narwals aus den nördlichen Meeren gerne als

Beweis für die Existenz der märchenhaften Einhörner präsentiert. Generell ging es den begüterten Sammlern oft um besonders kuriose und seltsame Stücke. Diese „Wunder" aus aller Welt konnten nun präsentiert werden, und der Betrachter durfte sich auch gehörig darüber wundern, was es so alles auf der Welt gibt und welche Schätze der Besitzer der Wunderkammer zusammengetragen hatte.

Die ersten Vorläufer der Wunderkammern entstanden im 14. Jahrhundert. König Charles V. von Frankreich soll in seinen Schlössern schon fleißig gesammelt haben. Später machte die leidenschaftliche Sammlerin Isabella d'Este in Italien mit ihrem „Studiolo" von sich reden. Aber auch in Österreich entstanden wundersame Sammlungen, die teilweise noch heute zu bewundern sind.

Als einer dieser Sammler galt der Habsburger Erzherzog Ferdinand II., der 1564 als Erbe seines Vaters Kaiser Ferdinand I. die Grafschaft Tirol erhielt. Dort baute er die Reste der mittelalterlichen Burganlage in Ambras zu einem Renaissanceschloss aus. Dabei entstand ein eigener Gebäudekomplex alleine für die Sammlungen des Erzherzogs: für die schon zur Entstehungszeit berühmte Rüstkammer (die heute zweitgrößte in Österreich nach dem Zeughaus in Graz) mit Prunkrüstungen und Turnierharnischen sowie für die Kunst- und Wunderkammer.

Äußerst sehenswert sind beide (wie auch das gesamte Schloss), wir wollen uns hier aber nur die Wunderkammer näher anschauen. Sie nimmt unter den europäischen Kunstkammern eine besondere Stellung ein. Nicht nur durch ihre Objekte, sondern auch, weil sie größtenteils an ihrem ursprünglichen Aufstellungsort und in der ursprünglichen Ordnung erhalten wurde. Denn oft wurden Wunderkammern im Lauf der Jahrhunderte aufgelöst und die Objekte auf andere Sammlungen und Museen aufgeteilt.

So entspricht die heutige Aufstellung der Objekte den Intentionen des Erzherzogs. Das geht aus dem ältesten Inventar hervor, das 1596, ein Jahr nach dem Tod Ferdinands, angefertigt wurde. Die Sammlung erfolgte in ursprünglich 18 Meter hohen, bis zur Decke reichenden Kästen. Laut Inventar wurden die Stücke dabei nicht willkürlich durcheinander gemischt, sondern fein säuberlich getrennt – und zwar nach dem Material, aus dem sie bestanden. Ein kurioses Ordnungsprinzip.

Den Grundstock der Sammlung bildeten Geschenke und Erbstücke. Darunter war auch die berühmte Saliera, die sich heute aber in Wien befindet. In Ambras bewundert werden kann hingegen etwa ein „Korallenkabinett" – eine echte Besonderheit. Mit geschnitzten Korallen, Muscheln und Schnecken wurde eine Meeresgrotte kunstvoll nachgebildet.

Eine Kuriosität stellt auch ein Fangstuhl aus Eisen dar. Wer auf dem Stuhl Platz nahm, wurde durch einen verborgenen Mechanismus von Eisenstangen festgehalten, und zwar so lange, bis man ein mit Wein gefülltes Fässchen geleert hatte.

Auch unter den Bildern der Sammlung finden sich einige Kuriositäten. So sind Portraits von Groß-

und Kleinwüchsigen sowie der Familie des Haarmenschen Petrus Gonsalvus zu sehen. Er wurde 1556 auf Teneriffa geboren, kam bereits als Kind an den Hof des französischen Königs Heinrich II. und wurde wegen seiner starken Körperbehaarung anfangs für einen Affen gehalten. Auch seine Tochter Lavinia war ein „Affenmädchen". Der genetische Defekt, der zu einer ungewöhnlichen Behaarung führt, wird seit 1993 übrigens als „Ambras-Syndrom" bezeichnet. Zu bewundern ist auch ein berühmtes Porträt von Vlad III., Fürst der Walachei. Dieser Name wird vielleicht nicht allzu vielen bekannt sein, doch der Fürst hatte wegen seiner Grausamkeit den Beinamen „Der Pfähler" und soll auch als Vorbild für „Dracula" im Roman von Bram Stoker gedient haben. Weitere Sehenswürdigkeiten sind ein Pokal aus Rhinozeroshorn, etliche präparierte Tiere vom Haifisch bis zum Krokodil oder auch Sammlerstücke aus der ganzen weiten Welt, von der japanischen Samurai-Rüstung bis zum türkischen Turban.

Zu besichtigen ist Schloss Ambras täglich von 10 bis 17 Uhr.

Schloss Ambras
Schlossstraße 20
6020 Innsbruck
www.schlossambras-innsbruck.at

Um eine zweite wunderbare Sammlung bewundern zu können, muss man sich in den Osten Österreichs begeben. Genauer, nach Burg Forchtenstein im Burgenland, wo die Esterházy Schatzkammer, auch bekannt als Wunderkammer, alte Schätze und Kuriositäten für den Besucher bereithält. Vor allem ist diese Wunderkammer aber auch eine kunst- und kulturhistorische Rarität. Denn sie ist die einzige barocke Wunderkammer in Europa, die am Originalstandort und im Originalzustand erhalten geblieben ist.

Die Ursprünge der mächtigen Burg Forchtenstein gehen bis zum Anfang des 14. Jahrhunderts zurück. 1622 erhielt dann Graf Nikolaus Esterházy (1583–1645) von Kaiser Ferdinand II. die Herrschaften Forchtenstein und Eisenstadt als Pfandbesitz. Die Geschichte der Wunderkammer begann mit der Erweiterung des Südtrakts der Burg im Jahr 1642. Damals ließ sich Graf Nikolaus unmittelbar bei der Kapelle des Hochschlosses drei Räume errichten, die 1691 erstmals als „Schazcamer" bezeichnet und spätestens seit dem Jahr auch als solche verwendet wurden. Die hochtrabende Bezeichnung war zu diesem Zeitpunkt aber noch etwas übertrieben, denn die gesammelten Kunstwerke und Kuriositäten waren nicht repräsentativ ausgestellt, sondern lagerten in insgesamt 13 Kisten. Immerhin waren die Stücke bereits nach ihren Materialien inventarisiert.

So richtig los ging es mit der Schatzkammer durch Fürst Paul I. (1635–1713), der ab 1692 einen neuen und größeren Raum dafür anlegen ließ. Noch heute führt von allen Etagen des Hochschlosses eine enge Wendeltreppe in diesen Raum, eine Falltür ermöglichte einen zweiten Einstieg. Darüber hinaus dienten dicke Mauern und komplizierte Sperrmechanismen dem Schutz der wertvollen Sammlung.

In den großen Schatzkammerraum gelangte man nur durch eine dreifach gesicherte Tür. 105 hohe Schränke verwahren hinter barocken Glasscheiben die Schätze. Unter den Exponaten stechen die Augsburger Automaten und Uhren sowie die unzähligen filigranen Drechselkunststücke aus Elfenbein besonders hervor. Dazu kommen Schmuckstücke, Beutestücke aus den Türkenkriegen oder auch ein drachenähnliches Wesen, das aus exotischen Tierpräparaten besteht. Kurios sind auch die Geschichten und Mythen, die sich teilweise um die Stücke ranken. So soll eine Tischuhr ein Geschenk von Kaiser Rudolf II. sein, doch der war zur Entstehungszeit der Uhr schon lange tot. Außerdem soll die Uhr laut Graf Pauls Inventarbuch auch noch einen Bergkristall enthalten, in dem sich der Geist der Habsburger befindet. Recht kurios das Ganze.

Einzigartig ist die Sammlung von Silbermöbeln. Im 17. Jahrhundert galt diese Form der Möblierung als Nonplusultra für repräsentierfreudige Fürsten, und Graf Paul hatte anscheinend ein besonderes Faible dafür. 32 Stück umfasst die glitzernde Sammlung, darunter einen Silbertisch, der europaweit seinesgleichen sucht.

Die Schatzkammer war lange Zeit nur einem erlauchten Kreis zugänglich. Auch Menschen von edlem Blut mussten sich anmelden. Erzherzog Franz Karl schrieb 1819 etwa: „Allerdings werden diese Räume nur selten geöffnet, und darum war der Zulauf von Menschen, selbst von entfernten Gegenden, gross, die zu sehen wünschten."

Weil derart gut versteckt und abgeschlossen, überstand die Sammlung auch die Besetzung der Burg durch die französische (1806) und die sowjetische Armee (1945–1955) unversehrt. Seit 2005 ist die Schatzkammer nun geöffnet und Besucher können bei Führungen täglich von 10 bis 18 Uhr in die barocke Welt der sammelfreudigen Fürsten eintauchen.

Burg Forchtenstein
7212 Forchtenstein
www.esterhazy.at

Verdrehte Perspektive

Es sieht so aus, als stünde das schmucke, rot gefärbte Einfamilienhaus nur zufällig in der kleinen Tiroler Gemeinde Terfens. Man könnte fast annehmen, das Gebäude wurde von einem Tornado mitgerissen und hat sich zufälligerweise im Ortsteil Vomperbach nahe der A12 Inntal-Autobahn in die Erde gebohrt. Doch kein Wirbelsturm, sondern „unüberwindbare Hürden" sind dafür verantwortlich, dass die Standortwahl nicht auf Holland, sondern letztendlich auf Tirol gefallen ist. Kein Zufall. Denn Irek Glowacki und Marek Rozanski aus Polen sind langjährige Tirol-Skiurlauber, weswegen die beiden Geschäftspartner rund 30 Kilometer östlich von Innsbruck ihr Glück versuchten, ein Grundstück für ihr ganz spezielles Vorhaben zu finden. Die Behörde gab nach mehreren Monaten tatsächlich grünes Licht. Ihr 2012 errichtetes Haus ist aber kein Feriendomizil, auch keine Berghütte für hochprozentige Après-Ski-Momente, sondern ein gewöhnliches Einfamilienhaus, das alles andere als gewöhnlich ist. Wer davor steht, kann sich noch so oft die Augen reiben, die Perspektive wird sich nicht ändern. Man kommt der Wahrheit recht bald sehr nahe. Das Haus steht tatsächlich auf dem Kopf. Das Dach steckt in der Erde, die Balkontür im ersten Stock ermöglicht einen ebenerdigen Zutritt ins Gebäude und die menschgroße Steinskulptur im Vorgarten hängt kopfüber.

Sobald man sich an den verkehrten Anblick gewöhnt hat, steigt die Neugierde der Besucher zu erfahren, wie es ist, die Welt aus der Sicht einer hängenden Fledermaus zu erleben.

„Gewöhnliches wird wieder spannend, bekannte Gegenstände wirken neu und interessant", erklären die beiden Betreiber ihr durchdachtes Tourismuskonzept. In ihrem rund 140 Quadratmeter großen Haus befinden sich auf zwei Etagen insgesamt elf Räume. Alle Einrichtungsgegenstände kleben an der Decke. Im Bad hängen beispielsweise die Parfums und Cremes gleich neben dem Waschbecken vom Regal, das Klo lässt man lieber unbenützt. Eine Sitzung am stillen Örtchen ist ohnehin fast unmöglich. Außer man hat genügend Muskelkraft, um sich kopfüber auf den WC-Sitz zu klemmen.

Auch in der Küche muss man den Blick nach oben richten, um in den Schränken Geschirr und Kochtöpfe zu finden. Gleich daneben, im Wohnzimmer, überträgt eine Videokamera ein Panoramabild direkt vom hängenden Mobiliar auf einen Flachbildfernseher, der die Besucher zeigt, als würden sie auf der Decke spazieren gehen. Und nur ein paar Meter weiter befindet sich eine schmale Garage, in der ein blauer VW-Käfer an der Decke parkt.

Wer sich im Haus noch länger umsehen will, muss eine weitere Besonderheit beachten. „Das Gebäude steht nicht nur auf dem Kopf, sondern hat auch eine neunprozentige Neigung", erklären die Betreiber. Dadurch haben die Besucher im Gebäude das Gefühl, auf einem Dampfer mit schwerem Seegang zu stehen, oder betrunken zu sein. Sobald jemand schnelle Bewegungen macht, kommt er ins Wanken und verliert das Gleichgewicht. „Lieber langsam gehen", raten die Betreiber.

Trotzdem war die Idee dahinter alles andere als eine besoffene Geschichte. Der Ursprung ist in Amerika zu finden. „Als wir im Jahr 2008 durch die USA gereist sind, haben wir etwas ähnliches gesehen und gedacht, das könnten wir mit einem Haus in Europa machen", erzählen Glowacki und Rozanski. 28

Tonnen Stahl, 20 Tonnen Holzpressplatten und 110 Kubikmeter Beton waren notwendig, um das Haus in Terfens/Vomperbach entstehen zu lassen.

Wer 7,50 Euro (Erwachsene) bezahlt, hat auch das Recht, in der „verkehrten Welt" ungewöhnliche und unglaubliche Fotos zu knipsen – egal ob im Kinderzimmer, Schlafzimmer, Arbeitszimmer, im Bad, in der Waschküche oder im Wohnzimmer. Das Haus ist ganzjährig geöffnet: und zwar von Mai bis Oktober jeweils von 9 bis 21 Uhr und von November bis April von 10 bis 21 Uhr.

Haus steht Kopf
Stublerfeld 1
6123 Terfens/Vomperbach
www.hausstehtkopf.at

Friedhof
zum Niederknien

So locker wie die deutsche Sängerin Annett Louisan über das unausweichliche Ende unseres Lebens singt, nimmt es wohl keiner von uns: „Wie kriege ich die Zeit bis zu meiner Beerdigung noch rum." Die junge Dame gehört vermutlich zu den wenigen Interpreten, die unverblümt und humorvoll genau das ansprechen, was ein absolutes Tabuthema ist. Heutzutage hat der Tod so gut wie keinen Platz mehr in unserer Gesellschaft, weil kaum jemand wahrhaben will, dass der natürliche Lebenszyklus irgendwann einmal zu Ende gehen wird. Wenn die Medien heute über gesunde Ernährung und ewige Jugend schreiben, wecken sie bei den Menschen häufig die große Hoffnung, vielleicht doch unsterblich zu werden. Immerhin wird die Medizin ständig ausgeklügelter und besser, um ein möglichst langes Leben zu führen. Trotzdem regiert die Angst vor dem Ableben, weil niemand weiß, was danach kommt beziehungsweise ob es überhaupt ein Leben nach dem Tod gibt.

Im Gegensatz zur heutigen Zeit war der Umgang mit dem Tod früher viel heiterer. Die Gründe dafür liegen auf der Hand. Vor Jahrzehnten und Jahrhunderten hatte das Sterben noch einen ganz anderen Stellenwert in der Gesellschaft. Die Wahrscheinlichkeit, in jungen Jahren das „Gesegnete zu suchen", war Anfang des 20. Jahrhunderts – auch aufgrund fehlender Hygiene – deutlich höher. Es blieb keine andere Wahl, als sich mit dem sensiblen Thema besser früher als später auseinanderzusetzen. Noch in den 1970er-Jahren war es vor allem auf dem Land üblich, den Leichnam des Verstorbenen im Kreise der

Familie aufzubahren. Nicht einmal die Kinder wurden vor dem Anblick des Toten geschützt, weil man der Meinung war, dass es nichts Traumatisches oder Befremdliches sei. Alleine an dieser Tatsache lässt sich ablesen, dass der Tod damals noch stärker zum Leben dazugehörte als jetzt. Weil die Menschen fast täglich dem „Sensenmann" ins Auge sehen mussten, entwickelten sich damals weniger ernsthafte, oft auch derb humorvolle Wege, um die Trauer einfacher verarbeiten zu können. Wie nah Schmerz und Scherz in früheren Jahrhunderten beieinanderlagen, zeigt ein Rundgang durch den „Museumsfriedhof" in Kramsach in Tirol.

Während heutzutage auf den Grabsteinen nur noch der Name, das Geburts- und Sterbedatum und in Ausnahmefällen auch der Beruf zu finden sind, bemühten sich die Hinterbliebenen früher weit mehr, eine liebevoll gestaltete Inschrift zu kreieren. Ein großes Anliegen war es, das Leben des Verstorbenen in kurzen Versen niederzuschreiben, was allerdings nicht immer glückte. Oft klangen die Sprüche beabsichtigt oder unfreiwillig komisch. Vor allem deshalb ist der Museumsfriedhof in Kramsach zum Niederknien – schräge Grab- und Marterlsprüche, wohin das Auge reicht. Allerdings offenbarte man damals nicht selten auch das Lebensdilemma eines verstorbenen Menschen. Hinter den Inschriften verbargen sich oft menschliche Tragödien.

Auf der Grabtafel eines getöteten Fuhrmanns steht: „Der Weg in die Ewigkeit war nicht so weit. Um sieben Uhr fuhr er fort. Um acht Uhr war er dort." Auf einem anderen Schild kann man lesen: „Hier schweigt Johanna Vogelsang, sie zwitscherte ihr Leben lang." Gleich in der Nähe lässt sich folgender Schriftzug finden: „Es liegt begraben die ehrsame Jungfrau Nothburg Nindl, gestorben ist sie im siebzehnten Jahr – just als sie zu brauchen war." Ähnlich deftig ist auch jener Spruch: „Hier liegt in süßer Ruh', erdrückt von einer Kuh, Franz Xaver Maier, daraus sieht man, wie kurios man sterben kann." Was die Besucher am Museumsfriedhof zu lesen bekommen, wird heute höchstwahrscheinlich als pietätlos und völlig fremd empfunden. Die historischen Grabkreuze sind aber „Zeugnisse des urwüchsigen Volkshumors im Alpenland", sagt Museumsvereinsobmann Hans Guggenberger, der auf seinem „Friedhof ohne Tote" derzeit 70 Grabkreuze aufgestellt hat. Seine Sammlung hat aber noch weit mehr Originale zu bieten, als er auf seiner kleinen Parkanlage in Kramsach zugänglich gemacht hat. „Wir haben insgesamt 850 Kunstobjekte zusammengetragen. 780 Stück liegen im Depot unserer Sagzahnschmiede aufbewahrt", sagt Guggenberger, dessen Familie schon seit vier Generationen das Schmiedehandwerk betreibt. Sein Beruf ist der Hauptgrund dafür, dass der 65-Jährige schon in jungen Jahren die Sammelleidenschaft entdeckt hat. Seit mehr als 40 Jahren rettet der gelernte Kunstschmied ausrangierte Schmiedekreuze vor der Entsorgung und dem späteren Einschmelzen. Schließlich sieht er die Grabinschriften als wichtige Zeitdokumente, die viel über den früheren Lebensalltag preisgeben. Die Sprüche und Inschriften stammen großteils aus dem 19. Jahrhundert. Nur ganz wenige sind bis zu einem halben Jahrtausend alt. „Oft muss man zweimal lesen, um den Sinn oder die darin versteckte Komik zu verstehen", schreibt Volkskundler Martin Reiter im Museumskatalog „Der lustige Friedhof": „Oftmals ist auch unbewusst eine Komik entstanden, die teilweise fast wortwörtlich zum ‚Todlachen' führt." Seit mehr als einem Jahrzehnt ist Guggenberger nicht mehr alleine tätig. Seit dem Jahr 2000 kümmern sich mehrere Mitglieder im damals neu gegründeten Verein „Museumsfriedhof" sowohl um die

Restaurierung der Grabdenkmäler als auch um das zügige Katalogisieren und Dokumentieren aller Exponate. Damit der Friedhof attraktiv bleibt, werden auch laufend neue Attraktionen errichtet. Im Jahr 2011 wurde auf dem Gelände ein neuer Arkadenhof gebaut. Dieser soll die Entwicklung der Grabgestaltung über fünf Jahrhunderte – vom „Urkreuz" bis zum Grabkreuz aus dem 19. Jahrhundert – zeigen. Stolz ist Guggenberger auch auf Folgendes: Sein Museum ist 365 Tage pro Jahr von 9 bis 18 Uhr (im Winter ab 10 Uhr bis zum Einbruch der Dunkelheit) geöffnet und kann kostenlos besichtigt werden. Er ist aber nicht böse, wenn die Besucher für die Erhaltung seines Museumsfriedhofs ein paar Euro im Opferstock zurücklassen oder in seinem Museumsladen Souvenirs oder Bücher kaufen. Mit rund 200.000 Gästen jährlich ist der „lustige Friedhof" in Kramsach die meistbesuchte Attraktion Tirols.

Museumsfriedhof Tirol
Hagau 82
6233 Kramsach
www.museumsfriedhof.info

Ordentlich Holz in der Hütte

Kurioses und Besonderes gibt es in einem kleinen Ort im romantischen Tiroler Hochtal Wildschönau zu entdecken. Dort hat sich ein Bildhauer ein Museum im wahrsten Sinne des Wortes zurechtgeschnitzt. Und zwar nicht irgendeines, sondern ein Holzmuseum, das nicht nur das erste derartige im Land Tirol ist, sondern in Sachen Einzigartigkeit wohl weltweit keine Konkurrenz zu fürchten hat. Was vielleicht etwas hölzern klingt, entpuppt sich als äußerst unterhaltsame Sehenswürdigkeit.

Mystisch und idyllisch wirkt das Tal Wildschönau im Tiroler Unterland. Im winzigen Ort Auffach begrüßen stilechte, mit Blumen geschmückte Holzhäuser die Besucher. Eines dieser hübschen Häuser am Ortseingang hat es in sich. Von außen sieht man es dem urigen Gebäude gar nicht an, aber es beherbergt auf mehr als tausend Quadratmetern Ausstellungsfläche unglaubliche 3.000 Ausstellungsstücke – die sich alle mit dem Werkstoff Holz beschäftigen. Beim Durchwandern von 30 Räumen aus und über Holz kommt man aus dem Staunen kaum heraus.

Hinter dem Projekt steckt der Holzschnitzer und Bildhauer Hubert Salcher. Er hat sein Leben dem Holz gewidmet, schon als Kind geschnitzt und später das Handwerk des Schnitzers und Holzbildhauers ergriffen. Auch der Ort selbst steht in einer besonderen Beziehung zum Holz. Salcher erklärt auch warum: „Früher gab es drei Sägewerke hier. Man hat das geschlägerte Holz in diesem Ort aufgefangen, was man im

Tiroler Dialekt wie ‚Hoiz auffachn' nennt. Und daraus ist der Ortsname Auffach entstanden."

Das Arbeiten mit Holz und das Schnitzen liegt in der Familie. Schon der Großvater hat seinen Lebensunterhalt als Leistenschuster verdient, und zwar bereits in jenem Haus, in dem heute der Enkel herumschnitzt. Weil man hier auf Tradition achtet, ist auch die Werkstatt des Großvaters originalgetreu erhalten: Die mechanische Nähmaschine steht ebenso noch da wie der Holzofen aus dem 17. Jahrhundert, ein altes, aber noch funktionstüchtiges Radio und handgemachte Lederschuhe mit Holzsohlen. Als ob der Meister erst vor wenigen Minuten aus dem Zimmer gegangen wäre.

Wie nicht anders zu erwarten, setzte auch der Vater des Museumsdirektors die Tradition fort. Die Werkstatt von

Anton Salcher ist nicht nur mit vielen Einzelteilen ausgestattet, der Schuhmachermeister ist sogar persönlich anwesend. Also – fast. Denn Hubert Salcher hat seinen Vater als lebensgroße Figur nachgebildet. Natürlich aus Holz. Und da sitzt er und scheint noch immer an den Holzschuhen herumzuwerken.

Das Museum hat aber in seinem Inneren und auch im Außenbereich noch viel mehr zu bieten. Vom Holznagel bis zum Holzwurm präsentiert der Künstler die Tradition der Holzwirtschaft. Alte und kuriose Geräte wie der größte und der kleinste Hobel des Landes, Spinnräder und Krippen, Deckenbalken, Pferdefuhrwerke und sogar Ketten und Postkarten befinden sich unter den historischen Produkten, die Hubert Salcher über Jahrzehnte für sein Museum gesammelt oder auch selbst angefertigt hat. Unter den Exponaten sind auch ein hölzernes Schau-WC (nicht zum Gebrauch empfohlen), ein Dorfgericht mit Winkeladvokat und hölzerner Jungfrau, ein Pumuckl-Baumhaus, eine Matador-Ausstellung, die älteste Volksliederharfe Tirols, eine Sammlung von Holzmasken, eine Ausstellung über die Welt der Holzknechte, eine ganzjährige Krippenausstellung, Holz-Ski aus alten Zeiten oder auch eine Werkstatt, wo Kinder den Umgang mit Holz kennenlernen können.

Dazu kommen viele von Hubert Salcher angefertigte Unikate. Etwa geschnitzte Holzunterwäsche, die er für eine Schweizer Modefirma machte. Alleine der BH aus Holz ist einen Besuch wert. Oder aber das wohl originellste Fahrrad des Unterlandes. Angefertigt hat Salcher das Radl – natürlich aus Holz – anlässlich des 50. Wildschönauer Talfestes für seine Tochter Patricia Huberta. Es besteht aus sechs verschiedenen Hölzern.

Es macht also Spaß, sich in Auffach auf den Holzweg führen zu lassen. Das 1996 gegründete Museum hat übrigens schon einige Ehrungen erhalten. 1998 wurde es als „Schatzhaus Österreich" und 2004 als „Museum des Monats" ausgezeichnet.

1. Tiroler Holzmuseum und Holzschnitzerei
Auffach 148/1
6313 Wildschönau
www.holzmuseum.com

Baden
in der Menge

Über Jahrhunderte bildete die Burg der Starkenberger mit ihren Ländereien und einer großen Landwirtschaft mitten in Tirol eine wichtige Lebensader von Tarrenz. Ende des 18. Jahrhunderts wurde sie zu einem Schloss ausgebaut und beherbergt seit 1810 auch eine Brauerei, die noch immer zu den größten Arbeitgebern in der 2.790 Einwohner zählenden Gemeinde im Gurgltal gehört, und deren Chefs bis heute großen Wert auf Tradition legen. Hinter mehr als 700 Jahre alten Schlossmauern wird aus erlesenen Rohstoffen und eigenem Bergquellwasser Bier gebraut. Viel Bier. So viel Bier, dass man darin sogar schwimmen könnte. No na, werden Sie sich jetzt vermutlich denken. Stimmt! Das klingt noch lange nicht kurios. Außergewöhnlich ist vielmehr der Umstand, dass sich im Keller der Brauerei das (vermutlich) erste Bierschwimmbad der Welt befindet, das auch internationalen Medien bereits aufgefallen ist. Seit die ägyptische Königin Kleopatra (69 bis 30 vor Christus) in Milch – wahrscheinlich auch in Bier – schwamm, weiß man, dass spezielle Kurbäder die Haut straffen und geschmeidig machen können.

Erst seit wenigen Jahren ist die Starkenberger Brauerei wieder für die Öffentlichkeit zugänglich. Als man begann, die mehr als 200 Jahre alte Brauerei zu modernisieren und das 700 Jahre alte Schloss zu revitalisieren, entstand auch die Idee, eine eigene, insgesamt fast 4.000 Quadratmeter große Biererlebniswelt entstehen zu lassen. Schutt der vergangenen Jahrhunderte wurde entfernt, alter Putz abgeschlagen und ältere Mauern

freigelegt. Mehrere Räume bekamen wieder ihre früheren mittelalterlichen Funktionen, zum Beispiel als Rittersaal, zurück. Außerdem wurden unterirdische Verbindungsgänge geöffnet, die früher zu weitläufigen Geheimgängen führten. Neben dem Besuch des alten Sudhauses mit seinen charakteristischen kupfernen Braukesseln oder einem Blick in den Schießschartengang, wo man erfährt, aus welchen Zutaten der Hopfensaft gebraut wird, ist auch das (freiwillige) Schwimmen in Bier Teil der historischen und spannenden Rundreise durch das Schloss. Vorausgesetzt, man will sich den Luxus à la Kleopatra gönnen.

Charlotte Amann, Chefin der Brauerei, ist die Schöpferin dieses außergewöhnlichen Wellness-Angebots. Im ehemaligen

Gärkeller wurden vier ausrangierte Metallbecken, die jeweils mehrere Tausend Liter Wasser fassen können, aufgestellt. Für ein angenehmes Ambiente sorgen mehrere kunstvoll gestaltete Wandmalereien, für die Wernfried Poschusta zu Pinsel und Farbe gegriffen hat. Zu sehen sind gesellige Szenen, die sich rund um das köstliche Hopfengetränk drehen. Der Maler wählte dafür mittelalterliche Bilder als Vorlage.

Seit der Eröffnung des ungewöhnlichen Schwimmbads im Juni 2005 können Besucher ein entspannendes und gesundheitsförderndes Bad im vier mal vier Meter großen Becken mieten. Gefüllt werden die Behälter aber nicht mit herkömmlichem Bier, sondern mit einem Mix aus fast 12.000 Liter Wasser und 300 Liter Biergeläger. Dabei handelt es sich um abgelagerte Bierhefe, die sich üblicherweise im Brauprozess während der vier- bis sechswöchigen Kaltlagerung des Bieres am Tankboden absetzt.

Obwohl die Versuchung groß ist, das stark duftende Bier gleich direkt aus dem Schwimmbecken zu probieren, rät die Brauereichefin davon ab. Nachvollziehbar, wenn man am eigenen Körper spürt, dass das Geläger angenehm temperiert ist (30 bis 35 Grad Celsius). „Warmes Bier schmeckt ja auch nicht wirklich", meint die Chefin. Sie weiß, welche Wirkung das Bier auf der Haut hat.

Seit Jahrhunderten wird Biergeläger mit viel Bierhefe wirkungsvoll gegen Schuppenflechten, unreine Haut oder andere Hautkrankheiten eingesetzt: „Zusätzlich fördert die natürliche Kohlensäure die Durchblutung und sorgt für geschmeidige Haut. Der Hopfen beruhigt Körper und Geist", heißt es auf der Webseite der Starkenberger Brauerei. Wer in eines der vier Bierbecken steigen will, muss aber damit rechnen, einen exklusiven Preis zahlen zu müssen. Ein Bierbad kostet

250 Euro und beinhaltet ein bieriges Planschvergnügen für maximal vier Personen. Eine rechtzeitige Vorbestellung ist notwendig.

Auch wenn Sie kein Freund von Bierbädern sind, hat die Brauerei Starkenberger einiges zu bieten. Ein Rundgang durch die geschichtsträchtigen Räume gewährt faszinierende Einblicke in den modernen Braualltag und führt durch die mittelalterlichen Gewölbe, Gänge und Schlossräume. Ein Highlight ist auch das Panoramazimmer. Von dort kann man einen Blick über die sanfte Berglandschaft des weiten Gurgltals werfen.

Brauerei Schloss Starkenberg Betriebs GmbH
Griesegg 1
6464 Tarrenz/Tirol
www.starkenberger.at

Schlanke und bauchige Schönheiten

Ähnlich herausfordernd wie der Aufstieg über schroffe Felswände zu einem der schneebedeckten Berggipfel rund um
St. Gallenkirch ist der Umgang mit dem Vorarlberger Dialekt.
Städter, die ins Montafon kommen, um frische Bergluft zu
inhalieren und das traumhafte Panorama zu genießen, verstehen meist nur spanisch, wenn Einheimische mit regionalen
Wortkreationen sprachlich jonglieren. Und das, obwohl sie
nichts anderes machen, als eine besondere Form unserer
deutschen Sprache zu nutzen. Es kann mitunter vorkommen,
dass ein Besucher kein Wort versteht und trotzdem freundlich
nickt, wenn der Kellner „Klemmseckl" zu ihm sagt. Was nicht
unbedingt als Kompliment zu verstehen ist. Im „Muntafu"
(Montafon) ist nämlich jemand, der zu wenig Trinkgeld gibt,
ein Klemmseckl – also ein Geizhals. Man kann aber davon
ausgehen, dass die meisten Kellner mit solchen Ausdrücken
sehr sparsam umgehen. Schließlich soll der Kunde nicht
beleidigt, sondern verwöhnt werden, um möglichst oft in die
Brieftasche zu greifen: „Geiz ist nicht geil." Davon sind
zumindest die Touristiker überzeugt. Auch wenn die Fern-
sehwerbung einer großen Elektronikkette etwas anderes
behauptet. In St. Gallenkirch ist man jedenfalls großzügig,
wenn es darum geht, seinen Besuchern rund um die Uhr
Komfort und Unterhaltung zu bieten. Im Ort und in der
Umgebung gibt es nicht nur unzählige Skipisten, Wanderwege und 3.300 Gästebetten, sondern noch viel mehr Flaschen.
Nicht falsch verstehen. Schuld ist nicht die fehlende Bildung,

sondern ein bekannter Bewohner, der Tausende zerbrechliche Utensilien zur Schau stellt.

Bei all dem Standardprogramm, das touristische Regionen normalerweise anbieten, freut es einen, wenn es nicht nur Herkömmliches, sondern auch Außergewöhnliches zu sehen gibt. Wer im „Muntanella Stöbli" (Muntanella ist das rätoromanische Wort für Murmeltier) Renate Netzers hausgemachte Strudel bestellt, für die sie sich inzwischen den liebevollen Kosenamen „Strudelwirtin" erarbeitet hat, kann zusätzlich zur bodenständigen Hausmannskost auch einen kostenlosen Ausblick auf unzählige große, kleine, schlanke und bauchige Schönheiten aus Nah und Fern genießen. Sie alle befinden sich im Besitz ihres Ehemannes Otwin Netzer. Für leidenschaftliche Biertrinker muss das Gefühl wohl eine absolute Qual sein, quasi enthaltsam leben zu müssen, obwohl sich rundherum Tausende volle Bierflaschen – in den Regalen fein säuberlich nebeneinander aufgestellt – befinden. Trotzdem bleibt Netzer standhaft und verdrängt erfolgreich die durstige Idee, einen Schluck aus seinen Kostbarkeiten zu machen. „Leere Flaschen sind doch kein Sammlergut", sagt der pensionierte Volksschuldirektor. Verständlich. Immerhin ist jede Flasche eine einzigartige Besonderheit.

Mehr als 12.000 volle Bierflaschen machen seine Sammlung zur größten Biersortensammlung Österreichs und zur zweitgrößten der Welt. Nur der Deutsche Peter Broeker aus Geesthacht bei Hamburg liegt mit mehr als 19.600 Bierflaschen (vorerst) noch unangefochten auf Platz eins. Bereits 19 Mal hat Broeker mit seiner Sammlung den Eintrag ins Guinness Buch der Rekorde geschafft. „Alle Bierflaschen übereinander gestapelt würden eine Turmhöhe von fast 4,8 Kilometern ergeben", schreibt der Deutsche auf seiner Webseite. Wenn er täglich ein

Bier aus seiner Sammlung trinken würde, wäre er insgesamt
53,7 Jahre lang beschäftigt, rechnet Broeker vor.

Aber auch Netzers Sammlung kann sich sehen lassen. Um
den Glanz seiner Prachtexemplare zu erhalten, muss Otwin
Netzer oft zum Staubwedel greifen. Trotzdem würde er keine
einzige Flasche weggeben. „Sie sind viel zu wertvoll. Außerdem
steckt in jeder Flasche eine besondere Geschichte", sagt der
Vorarlberger. Lieber nimmt er die Problematik in Kauf, kaum
noch Platz für weitere Flaschenraritäten zu haben. In seiner
Bierlounge hat Netzer insgesamt 4.000 Bierflaschen ausgestellt.
Die restlichen Schätze muss er wegen Platzmangel im Keller
aufbewahren, die wertvollsten liegen im Safe. Darunter ist mit
acht Zentimetern Höhe eine der kleinsten Bierflaschen der

Welt, die aus der irischen Brauerei „Guinness" stammt. Darüber hinaus gehören eine Bierflasche mit falschem Kronenkorken, ein Bier aus der Antarktis und eine Dreiliter-Spezialfüllung des Hermann-Maier-Olympiabieres aus Nagano in Japan – 1998 fanden ebendort die Olympischen Winterspiele statt – zu seinen besonderen Schmankerln. Selber muss Netzer nicht mehr viel tun, um seine Bierflaschensammlung weiterhin wachsen zu lassen. Die größten Helfer sind nämlich seine Kunden im Restaurant.

Regelmäßig bringen sie neue Besonderheiten aus der ganzen Welt mit. Als Dankeschön dafür bekommen sie ein frisch gezapftes „Murmeli-Bier" serviert, das der rastlose Pensionist seit mehreren Jahren selber braut.

Schon Jahre früher – in den 1980er-Jahren – hat Netzer das Sammelfieber gepackt. Während einer Reise durch Frankreich ist er auf den Geschmack gekommen, Bierflaschen zu sammeln, als er eine deutsche „Teutonische Alu-Flasche" entdeckte und erwarb. Danach stieg die Anzahl der Bierflaschen rasant in die Höhe. „Oft war ich auf Biermessen unterwegs, um Besonderheiten zu finden. Nicht selten kam ich mit 200 bis 300 verschiedenen Flaschen von einer Messe nach Hause", erzählt Netzer. Jetzt ist das nicht mehr notwendig. Um seinen Gästen einen Überblick über seine Sammlung zu verschaffen, hat er eine eigene Online-Bier-Datenbank angelegt, die auf seiner Webseite abrufbar ist und Auskunft über Biernamen, Brauerei, Herkunft und Überbringer gibt.

Muntanella Stöbli
Innerziggam 213a
6791 St. Gallenkirch
www.muntanella.at

Very British in Dornbirn-Gütle

Wer ins Tal der Dornbirner Ache kommt, betritt historischen Boden. Im sogenannten „Gütle", nur sechs Kilometer südöstlich von Dornbirn, in dem sich mit dem Rappen- und Alploch zwei der größten Schluchten Mitteleuropas befinden, wurde im 19. Jahrhundert mehrmals Geschichte geschrieben. Im Jahr 1862 fasste Franz Martin Hämmerle den Entschluss, die Wasserkraft der benachbarten Dornbirner Ache dafür zu nutzen, seine riesigen Fabriksanlagen in Gang zu setzen. Weil damals die Übertragung von Energie über weite Strecken noch ein Wunschtraum war, mussten die neuen Fabrikshallen genau dort gebaut werden, wo reichlich Wasserkraft vorhanden war, also in Flussnähe. 1864 nahm Hämmerle seine Baumwollspinnerei mit insgesamt 11.000 Spindeln in Betrieb. Rund zwei Jahrzehnte später sorgte eine weitere technische Errungenschaft für Aufsehen, die sogar Kaiser Franz Joseph I. kurzerhand nach Gütle lockte. Er war es höchstpersönlich, der 1881 die erste freilaufende Telefonleitung der österreich-ungarischen Monarchie zwischen der Spinnerei und dem Hauptbüro der Firma „F. M. Hämmerle" in Dornbirn feierlich in Betrieb nahm.

Obwohl das textile österreichische Traditionshaus im Gütle längst der Vergangenheit angehört, hat die altenglische Industriearchitektur aus dem 19. Jahrhundert bis heute nichts von ihrem Charme verloren. Eine umfassende Restaurierung zu Beginn des 21. Jahrhunderts hat die Dornbirner Wirtschaftsgeschichte noch rechtzeitig vor dem endgültigen Zerfall gerettet. Heute sind es keine Nähmaschinen mehr, die lautstark durch die Fabrikshallen zu hören sind. Kostbare Perlen der Automobilgeschichte verleihen den neu polierten Räumlichkeiten letztendlich ihren besonderen Glanz.

Wo einst Kaiser Franz Joseph zum Fernsprecher (Telefon) griff, betreibt die Familie Vonier seit mehr als einem Jahrzehnt das größte Rolls-Royce-Museum der Welt. 70 originale Fahrzeuge, mehr als 1.000 Exponate, gesammelt in den vergangenen fünf Jahrzehnten, sind auf insgesamt 3.500 Quadratmetern ehemaliger Fabriksfläche untergebracht. Im zweiten Stock des Gebäudes befindet sich die „Hall of Fame". Die Besucher haben ebendort die Möglichkeit, exquisite Karossen bekannter Persönlichkeiten – vor allem britischer Monarchen – zu Gesicht zu bekommen. Darunter befinden sich der Safari-Tourenwagen von König Georg V., die Limousine von König Edward VIII., der Landauer von „Queen Mum", der sportliche „RR-Phantom II" von Prinz Aly Khan (Pakistan), der blaue Rolls-Royce von Malcolm Campbell (britischer Automobilrennfahrer, 1885–1948), der „New Phantom" von Frederick Henry Royce (Mitbegründer der britischen Automobilnobelmarke, 1863–1933) und der Paradewagen des spanischen Diktators Francisco Franco (1892–1975).

Wer sich im Rolls-Royce-Museum umsieht, spürt hautnah, dass die Familie Vonier nicht einfach nur Fahrzeuge nebeneinander aufgestellt hat und auf Gäste wartet, sondern viel Herzblut, Kraft und Liebe in ein durchdachtes Ausstellungskonzept gesteckt hat. Ein besonderes Highlight ist zum Beispiel ein Nachbau der ersten Rolls-Royce-Produktionsstätte in der Cooke-Street in Manchester, in der ab 1904 die ersten Fahrzeuge gebaut und der Grundstein für die Erfolgsgeschichte der britischen Nobelmarke gelegt wurde. In der musealen

Restaurationswerkstatt können Besucher auch zusehen, wie alte Fahrzeuge originalgetreu restauriert und aufbereitet werden. Darüber hinaus versprüht der historisch möblierte „Tea Room" im zweiten Obergeschoß alt britisches Club-Feeling. In den umliegenden Vitrinen sind edles Tafelgeschirr, Reisekoffer und Picknickkorb ausgestellt, die den Lifestyle der 1920er- und 1930er-Jahre erlebbar machen.

Dass dieses extravagante Rolls-Royce-Museum ausgerechnet in Vorarlberg beheimatet ist, liegt vor allem daran, dass sich Franz Vonier mit seiner Heimat tief verwurzelt fühlt. Wenn es um die zeit- und finanzaufwendige Jagd nach britischen Edelkarrossen geht, hält das Familienoberhaupt aber nicht nur in Österreich, sondern international Ausschau. Seit mehr als 50 Jahren blickt er über den Tellerrand. Zunächst tourte Vonier durch ganz Europa, um bei ausgewählten Lehrherren – das

waren nicht viele – die mechanischen Fähigkeiten zu erlernen, um jeden historischen Wagen wieder flott zu machen. Ende der 1960er-Jahre ließ sich der Bergbauernsohn aus dem Montafon mit seiner Ehefrau Hilde wieder in Vorarlberg nieder, um seine eigene Werkstatt mit den Schwerpunkten auf Restauration und Anfertigen von Spezialteilen eröffnen zu können. Eine glückliche Fügung machte ihn schließlich zum Spezialisten für Rolls-Royce-Modelle. Während eines Besuchs 1971 in Wien war Franz Vonier zufällig der einzige Mechaniker, der die Fähigkeiten besaß, einen eingeflogenen Rolls-Royce aus adeligem Besitz wieder fahrbereit zu machen. Schon bald war er als Rolls-Royce-Experte weit über die Grenzen Österreichs hinaus bekannt. Nur drei Jahrzehnte später wurde sein persönlicher Traum, eine eigene Automobilsammlung öffentlich zugänglich zu machen, Wirklichkeit. Nicht nur Rolls-Royce-Fetischist Franz Vonier, sondern auch seine Frau Hilde und seine drei Söhne sind inzwischen vom ungefährlichen „RR-Virus" infiziert. Gemeinsam halten sie die bemerkenswerte Ausstellung am Laufen und achten darauf, dass „kein Sand ins Getriebe" kommt. Dutzende, für viele unerschwingliche Rolls-Royce-Modelle können aus nächster Nähe besichtigt werden. Alle Fahrzeuge sind Unikate, die in ihrer Ausführung dem Käufer individuell – entweder als Hochzeits-, Präsentationslimousine, Familienkarosse oder als Tourenwagen – zugeschnitten wurden. Die Produktion von Chassis, Motor und Karosserie waren damals so aufwendig, dass sich nur Adelige den Kauf leisten konnten. „Normale Bürger kamen in den 1920er- und 1930er-Jahren, wenn überhaupt, nur als Chauffeure in die Nähe der Luxuswagen", berichten die Voniers.

Nur die wenigsten wissen, dass das Rolls-Royce-Museum in Gütle einen hohen internationalen Stellenwert besitzt. „Es ist das größte und bedeutendste seiner Art", sagt der 37-jährige Sohn Johannes Vonier, Geschäftsführer und Miteigentümer, der 2004 die Leitung des Museums übernommen hat. Nach seiner Ausbildung sammelte er zunächst bei Bentley/Rolls-Royce in Berlin, später bei Bentley in Wien fachliche Erfahrungen.

Wie außergewöhnlich die Rolls-Royce-Ausstellung ist, zeigt auch die Tatsache, dass originale Maschinen und Werkzeuge – etwa Flugmotoren, Blechschere, Ventilschneidevorrichtungen und Batterien – aus dem Betrieb von Henry Royce zu besichtigen sind. Die größte Herausforderung der Familie Vonier ist allerdings der Platz. Der ist inzwischen ausgeschöpft.

Mit mehr als 25.000 Besuchern pro Jahr gehört die Ausstellung zu den meistbesuchten in Vorarlberg. Das Museum ist fast ganzjährig (von 10 bis 18 Uhr) geöffnet und nur zwischen 1. und 25. Dezember sowie zwischen 7. und 31. Jänner auf Winterpause. Montag ist Ruhetag. Im Juli und August ist durchgehend geöffnet. Wer das einzigartige Fahrgefühl in einem Rolls-Royce erleben will, kann auch ein „Rendezvous mit Spirit Ecstasy" buchen, ab 110 Euro pro Stunde.

Rolls-Royce-Museum Franz Vonier GmbH
Gütle 11a
6850 Dornbirn
www.rolls-royce-museum.at

Die Republik und der Schatz in den Wäldern

In Vorarlberg wird nicht nur ein kleines bisschen anders gesprochen als im restlichen Österreich, das kleinste Bundesland hat auch sonst Außergewöhnliches zu bieten. Ein besonders denkwürdiger Ort befindet sich mitten im Bregenzerwald. Zwischen Bezau und Andelsbuch liegt dort die Bezegg. Rund um die 900 Meter hohe Passhöhe ranken sich kuriose Sagen und Geschichten, die in eine faszinierende Vergangenheit blicken lassen. Und auch heute noch kann man einige Zeugnisse dieser bewegten Geschichte besichtigen.

Wandert man auf die Bezegg, so fällt auf einer Waldlichtung knapp unterhalb der Passhöhe eine rund dreieinhalb Meter hohe Steinsäule auf, die in ihrem neugotischen Stil so gar nicht in die ländliche Idylle zu passen scheint. Es handelt sich dabei um die „Bezegg-Sul", und wenn man nähertritt, verrät eine Inschrift auf der rund dreieinhalb Meter hohen Sandsteinsäule ihre Bedeutung: „An dieser Stelle stand das hoelzerne im J. 1807 abgebrochene Rathhaus des Inner-Bregenzerwaldes in welchem der freigewaehlte Landammann und Rath durch Jahrhunderte die Angelegenheiten der Gemeinden nach altem Landsbrauch berathen, beschlossen u. verwaltet haben."

Hintergrund ist, dass sich in den dichten Wäldern eine einzigartige „Bauernrepublik" entwickelt hatte. Die Gegend im Bregenzerwald war im frühen Mittelalter noch gänzlich von dichtem Wald bedeckt und wurde von den Menschen gemieden. Das änderte sich, als die Bodenseeregion im Zuge des Streites zwischen Kaiser Heinrich IV. und Papst Gregor VII. von Unruhen, Raub, Seuchen und Hungersnot heimgesucht wurde. Viele Menschen suchten Zuflucht in den Wäldern. Hier entwickelten sie eine für diese Zeit außergewöhnliche Eigenständigkeit. Das zeigte sich in einer Selbstverwaltung mit eigener freier Landgemeinde, eigener Verfassung sowie Hoch- und Blutgerichtsbarkeit. An der Spitze stand der Landammann, der meist aus einer angesehenen Familie gewählt wurde. Ihm zur Seite standen die Räte.

Mittelpunkt dieser Wälderrepublik war die Bezegg, wo auch das Rathaus stand. Dieses Rathaus stellte sozusagen das Parlament der Bauernrepublik dar. Was hier beschlossen wurde, hatte Gewicht. War etwa jemand zum Tode verurteilt worden, so konnte er sich nur mehr an den Kaiser wenden. Das Rathaus selbst war ein Holzbau, der auf vier hohen, steinernen Säulen stand. Das Gebäude war nur von unten über eine Leiter und eine Falltür zu betreten. Während der Versammlung der Räte wurde die Leiter entfernt und erst wieder angelegt, wenn ein Ergebnis erzielt war. Für 1522 ist die erste urkundlich erwähnte Sitzung belegt. Erst im 19. Jahrhundert ging diese einzigartige Form der Demokratie zu Ende. 1807 wurde das Rathaus abgerissen. 1871 wurde dann als Erinnerung eine vom Wiener Dombaumeister Friedrich Schmidt geschaffene Säule errichtet. An der feierlichen Einweihung am 20. August sollen 7.000 Leute teilgenommen haben.

Die Bezegg spielt aber auch bei einer Schatzsuche eine zentrale Rolle. Zwar handelt es sich um eine Sage, doch gibt es Beweise zu bewundern. Die Geschichte geht jedenfalls so: Unterhalb der Bezegg liegt eine Ebene, das „Hoadatmoos". Seinen Namen hat sie, weil dort lange eine Heide gewohnt haben soll. Ein unheimlicher Ort. Nachts huschten blaue

Flammen herum und im nahen Wäldchen hörte man seltsame
Geräusche. Man erzählt, dass im Moos ein Schatz vergraben
sein soll. Nur wer ein Sonntagskind sei und in einer Vollmond-
nacht um Mitternacht grabe, könne diesen Schatz aufspüren,
er dürfe aber dabei kein einziges Wort sprechen.

Zwei mutige Andelsbucher beschlossen, den Schatz zu
heben. Zu Mitternacht begannen sie, hastig nach dem Schatz
zu graben und fanden ihn tatsächlich. Sie hoben die schwere
Kiste herauf, doch in ihrer unbändigen Freude entfuhr ihnen
der Ausruf: „Eotz häm-meon!" (Jetzt haben wir ihn!) Sofort
verschwand der kostbare Fund wieder in die Tiefe und in ihren
Händen hielten sie nur noch zwei große Ringe mit Köpfen. Nur
eine Sage? Die Ringe mit den fratzenhaften Löwenköpfen kann

man jedenfalls besichtigen. Die beiden Schatzsucher schenkten sie dem Pfarramt, das sie an der Andelsbucher Kirchentür befestigte. Dort sind sie heute noch zu sehen, allerdings nur noch als Nachbildungen, denn seit Jahrzehnten befinden sich die originalen spätromanischen Ringe zur sicheren Aufbewahrung im Vorarlberger Landesmuseum.

Tourismusbüro Hof 351
6866 Andelsbuch
www.andelsbuch.at

Minifassade und Megazwiebel

Denkt man an architektonische Rekorde, europäische Superlative und sensationelle bauliche Höhenflüge, so kommen einem wahrscheinlich Paris, London oder Rom in den Sinn. Oder wenn schon Österreich, dann doch die Bundeshauptstadt Wien mit ihren imperialen Prachtbauten. Doch auch im Westen, genauer gesagt in Bregenz, gibt es Superlative, die ihresgleichen suchen – und auch herrlich in die Kategorie „Kurios" passen. Es handelt sich um zwei konträre Rekordbauten. Und zwar um die höchstwahrscheinlich schmalste Hausfassade und um den größten Zwiebelturm in Europa.

Die Reize von Bregenz wurden schon früh entdeckt, die Eigenwilligkeit der Bewohner ebenfalls. Das wissen wir vom Missionar Kolumban. Der Mönch aus Irland weilte im 7. Jahrhundert längere Zeit in Bregenz, das er bei seinem Abschied 612 als „aurea conca", als „goldene Schale" bezeichnete. Der Abt des Klosters Reichenau, Walahfrid Strabo, schrieb um 840 über den Besuch von Kolumban: „Es gibt in dieser Einöde einen Ort, der zwischen Ruinen noch Spuren einer alten Bebauung aufweist. Die Erde dort ist fruchtbar und für den Ackerbau geeignet … dieser Ort verweigert denjenigen, die dort ihren Lebensunterhalt suchen, den Lohn für ihre Mühe nicht." Doch Kolumban und seine Begleiter mussten den angenehmen Wohnort wieder verlassen. Denn die Bregenzer ließen sich von den irischen Mönchen nicht bekehren. Laut Walahfrid Strabo kommentierte Kolumban das seinen Begleitern so: „Liebe Brüder, wir haben in dieser

Gegend eine goldene Schale gefunden, doch voll von giftigen Schlangen."

Doch zurück in die Gegenwart. Genauer gesagt in die Bregenzer Kirchstraße. Dort, bei Hausnummer 29, entdeckt der Spaziergänger eine äußerst interessante Tafel – aber nur wenn er sehr aufmerksam hinschaut, denn viel Platz hat die Tafel nicht, sie wird leicht übersehen. Jedenfalls steht dort geschrieben: „Das schmalste Haus Europas ist nur 57 Zentimeter breit." Ganz eng, kaum breiter als ein Handtuch und scheinbar zwischen die Häuser links und rechts zusammengequetscht, steht es da. Und obwohl es derart schmal ist, findet sich Platz für eine Eingangstür sowie ein Fenster. Trotzdem ist der Rekord nicht unumstritten. Denn es gibt noch einige andere Bauten, die den Titel für sich in Anspruch nehmen. Etwa eines in Amsterdam, das aber 99 Zentimeter breit ist. Und in Warschau gibt es ebenfalls einen Kandidaten, der aber 94 Zentimeter breit ist. Dafür sind diese Häuser in ihrer Gesamtheit,

also auch im Wohnbereich, derart schmal, jenes in Bregenz ist es „nur" an der Fassade. Es steht sozusagen in einer Kurve und kann sich im Hintergrund ausbreiten. Hinter der extremen Front geht es im spitzen Winkel auseinander, die Wohnfläche ist also in Relation zur Fassade groß.

Wie auch immer, ein kurioser Hingucker ist die Fassade auf jeden Fall und ein Anziehungspunkt für die Fotoapparate der Touristen ebenfalls. Und alt ist es noch dazu. Wie alt, darüber gibt es keine genauen Daten. Mehr als 200 Jahre sind es jedenfalls, 1796 wurde es schon erwähnt. Es wurde damals in die enge Lücke zwischen die Häuser mit den Nummern 27 und 31 gebaut. Lange soll die Sehenswürdigkeit aber gar nicht zu sehen gewesen sein, weil ein Verteilerkasten davor gestanden ist. Heute ist das zum Glück geändert. Besichtigt werden kann die Kuriosität aber nur von außen.

Nicht weit entfernt glänzt Bregenz mit einem weiteren Rekordhalter. Es handelt sich sogar um das Wahrzeichen der Vorarlberger Hauptstadt, um den Martinsturm. Zur Besonderheit macht den Turm sein Zwiebeldach. Denn dieses ist das größte in ganz Mitteleuropa.

Die Ursprünge des markanten Bauwerks dürften im 14. Jahrhundert liegen. Der damalige Turm wurde als Würfel über dem Weinkeller der Grafen von Montfort errichtet, trug noch ein Pyramidendach und dürfte kaum höher als die Stadtmauer gewesen sein. Hier wurden die Abgaben der Bauern gelagert. Als Folge des großen Stadtbrandes von 1581 wurde der Turm von 1599 bis 1601 deutlich höher gebaut. Mit der Aufgabe und Aufstockung auf rund 39 Meter wurde der Baumeister Benedetto Prato aus Graubünden in der Schweiz beauftragt. Damals soll der Turm auch die heutige berühmte Zwiebelhaube erhalten haben. Der Martinsturm war damit auch der erste barocke Bau am Bodensee. Die Aufstockung hatte vor allem den Sinn, eine „Hochwacht" zu errichten, um Brände wie jenen von 1581 rasch zu erkennen und zu verhindern. Von dem Turm aus wachte dann auch bis in die 20er-Jahre hinein ein Turmwächter, ein „Blaser", über die Stadt und warnte im Ernstfall vor einem Feuer.

In der krönenden Turmlaterne sind zwei Glocken zu finden – die Kirchgangglocke und die Papstglocke. Erstere wird, wie der Name schon sagt, zum Kirchgang aber auch bei Taufen und Hochzeiten geläutet. Zweitere erklingt zur Begrüßung eines neuen Jahres sowie zum Patrozinium St. Martin. Dabei findet alljährlich zu Ehren des Namenspatrons ein Laternenumzug samt Laienschauspiel in der Bregenzer Altstadt statt. Und die Glocke wird auch zu Ehren eines neu gewählten Papstes geläutet, was ihr den Namen im Volksmund eingebracht hat.

Heute ist der Martinsturm eine viel besuchte Sehenswürdigkeit. Zu finden sind dort interessante Ausstellungen, und von der Fenstergalerie aus bietet sich eine herrliche Aussicht auf Bregenz, den Bodensee, den Hausberg Pfänder und auf die Schweizer Berge in der Ferne.

Martinsturm
Martinsgasse 3b
6900 Bregenz
www.martinsturm.at
www.bregenz.travel

Literaturverzeichnis

Rudolf Gumhold: Ortschronik der Gemeinde Griesenstein, 1954.

Dieter Kindl: Spuren meines Lebens, eine Erfolgsgeschichte im Wintersport Obertauern 1970–2010, 2011.

Alois Kohlmayr: Am Tauernfreithof, Gedenkschrift – herausgegeben anlässlich der Wiederaufrichtung des Tauernfriedhofes, 1925.

Gabriele Groffriller (Hg.): Kyselak – Skizzen einer Fußreise durch Österreich, Jung & Jung, 2009.

Johannes Sachslehner, Robert Bouchal: Waldviertel – Mystisches. Geheimnisvolles. Unbekanntes, Pichler Verlag, 2002.

Asfinag: Das Autobahnnetz in Österreich, 30 Jahre Asfinag, 2012.

Falco Privatstiftung Wien: Biografie – www.falco.at, 2014.

Gerald Polzer, Hanneliese Kreissl-Wurth: Steirermen san very good, 33 Beweise, Verlag Medienfrau Wels, 2011.

Christian Fürst: Feuerwasser aus dem Burgenland, Artikel aus „Spiegel Online", Oktober 2007.

Michael Himml, Helene Waldner, Christian Frank: Herrnbaumgarten – das verrückte Dorf, 2013.

Günther G. Bauer, Salzburger Barockzwerge, Salzburg, 1989.

Stefan Körner, Burgführer Burg Forchtenstein, 2009.

Dietlinde Munzel-Everling, Kriegsnagelungen, Wiesbaden, 2008.

Österreichische Akademie der Wissenschaften, Projekt
  Türkengedächtnis, Wien, 2010.
Sabine Haag, Museumsführer Schloss Ambras Innsbruck
Rudolf Maurer, Dr. Galls Schädelsammlung, Baden, 2008.

Danke für die Hilfe ...

den regionalen Tourismusverbänden in Österreich (Ideen-
und Informationslieferanten)

Gilbert Weisbier (Ideen, Helfer, Berater, Unterstützer)

Marina Sulzbachner (Ideen)

Roswitha Lukes (Informationslieferantin)

Dieter Kindl (Informationslieferant)

Mag. Franz Traxler (Jürgens ehemaliger Deutschprofessor
und persönlicher Förderer)

BILDNACHWEIS:

Jürgen Zahrl, Markus Foschum, NÖ Werbung/Robert Herbst, Bezegg/Andelsbuch Tourismus, Biersammlung/Otwin Netzer, Bierbad/Brauerei Starkenberger, Dorfmuseum Mönchhof, Rosa Elefanten/Günter Graf, Felsenmuseum/Felsenmuseum Bernstein, Forellenzirkus/Familie Sageder-Luger, Gisela/Traunseeschifffahrt, Gruft St. Michael/ Pfarre St. Michael, Harley-Denkmal/Georg Pflügl, Haifisch/OÖ Seilbahnholding/Hörmandinger, Holzpferd/Familie Töchterle-Derler, Holzrad/TVB Wildschönau, Lady Diana/Ewald Wurzinger, Martinsturm/Bregenz Tourismus, Micky Maus/Tourismusbüro Maltatal, Pfarrer/Gemeinde St. Thomas am Blasenstein, Piefke-Denkmal/Christoph Theiler, Rolls-Royce-Museum/Vonier, Schlossattrappe/Dreiländer Naturpark Raab, Sesselbaumpark/Bernhard Schmid, Villa Sinnenreich, Weihnachtsmuseum/Hannes Markovsky, Liebestoller Franzose/Verschönerungsverein Schärding, Nonseum Herrnbaumgarten, Zwergerlgarten Salzburg/Günter Breitegger, Stilklasse Berndorf/Stadtgemeinde Berndorf, James Joyce/Stadtmarketing Feldkirch, Mozart-Denkmal Salzburg/ Salzburg Foundation, Kunstkammer Ambras/Schloss Ambras Innsbruck, Kunstkammer Forchtenstein/Esterházy Privatstiftung, Manfred Horvath, Andreas Hafenscher, Archiv Metroverlag.

© 2014 METROVERLAG
Verlagsbüro W. GmbH
www.metroverlag.at
Printed in the EU
ISBN 978-3-99300-187-2